錢穆作品精華

黃帝

錢穆

三民書局

錢穆作品精萃序

錢穆先生身處中國近代的動盪時局，於西風東漸之際，毅然承擔起宣揚中華文化的重任，冀望喚醒民族之靈魂。他以史為軸，廣涉群經子學，開闢以史入經的嶄新思路，其學術成就直接反映了中國近代學術史之變遷，展現出中華傳統文化的輝煌與不朽，並撐起了中華學術與思想文化的一方天地，成就斐然。

三民書局與先生以書結緣，不遺餘力地保存先生珍貴的學術思想，希冀能為傳揚先生著作，以及承續傳統文化略盡綿薄。

自一九六九年十一月迄於一九九一年十二月，二十多年間，三民書局總共出版了錢穆先生長達六十餘年（一九二三～一九八九）之經典著作——三十九種四十冊。茲序列書目及本局初版日期如下：

中國文化叢談……（一九六九年十一月）
中國史學名著……（一九七三年二月）

中國學術思想史論叢(八)……（一九八〇年三月）
湖上閒思錄……（一九八〇年九月）
人生十論……（一九八二年七月）
古史地理論叢……（一九八二年七月）
八十憶雙親・師友雜憶（合刊）……（一九八三年一月）
宋代理學三書隨劄……（一九八三年十月）
中國文學論叢……（一九八三年十月）
現代中國學術論衡……（一九八四年十二月）
秦漢史……（一九八五年一月）
中華文化十二講……（一九八五年十一月）
莊子纂箋……（一九八五年十一月）
朱子學提綱……（一九八六年一月）
先秦諸子繫年……（一九八六年二月）
孔子傳……（一九八七年七月）
晚學盲言（上）（下）……（一九八七年八月）

二〇二二年，三民書局以全新設計，將先生作品以高品質裝幀，隆重推出珍藏精裝版，沉穩厚實的木質色調書封，搭配燙金書名，彰顯國學大家的學術風範，並附贈精美藏書票，期能帶領讀者重回復古藏書年代，品味大師思想精髓。

謹以此篇略記出版錢穆先生作品緣由與梗概，是為序。

三民書局
東大圖書 謹識

重版附跋

本書乃余於三十四年前在成都北郊賴家園齊魯大學國學研究所經某方催促偕及門姚君合力共成之今付東大圖書公司重梓問世因姚君滯留大陸未出余患目疾一任舊稿未克再自校閱

民國六十七年三月錢穆識於臺北士林外雙溪素書樓

弁　言

史者一成而不變，而治史者則每隨時變而異其求。故治史之難，莫難於時變之方新。當是時，前人之所得，皆若不足以應吾之需，而一時之所求於史者，遂亦喜言創獲，而其病在不經而失實。今日之時變亟矣，其所需於史者甚切，而喜創不經之病亦甚顯。尤甚者，莫過於近人之言古史。昔人言：畫犬馬難，畫鬼神易。今之治古史，亦如畫鬼神：易於無憑，而難於近是。潘公展、印維廉兩先生創編《中國歷代名賢故事集》，第一輯首黃帝，而附以堯、舜、禹、湯、文、武、周公，諉諈及余，推辭不獲，而方別欲有所撰造，因口述大耑，囑及門姚君筆達之。姚君治水利工程，棄其業而從余，方研討中國先聖前賢思想行誼，以期抉發民族文化之本真，孔、孟、老、莊以下，秩如也，醰如也，謝於古史非所習。余曰：是何害，即以君所得於先聖前賢之緒論而推溯以尋之可也。書既成，爰為識數語於卷端。此書之作，蓋不欲為無憑，其為近是與否，則以待當世博古君子，非余之私所當論也。

民國三十三年春錢穆識於復興關之留園

目次

黃帝 堯舜禹湯文武周公附

文武周公

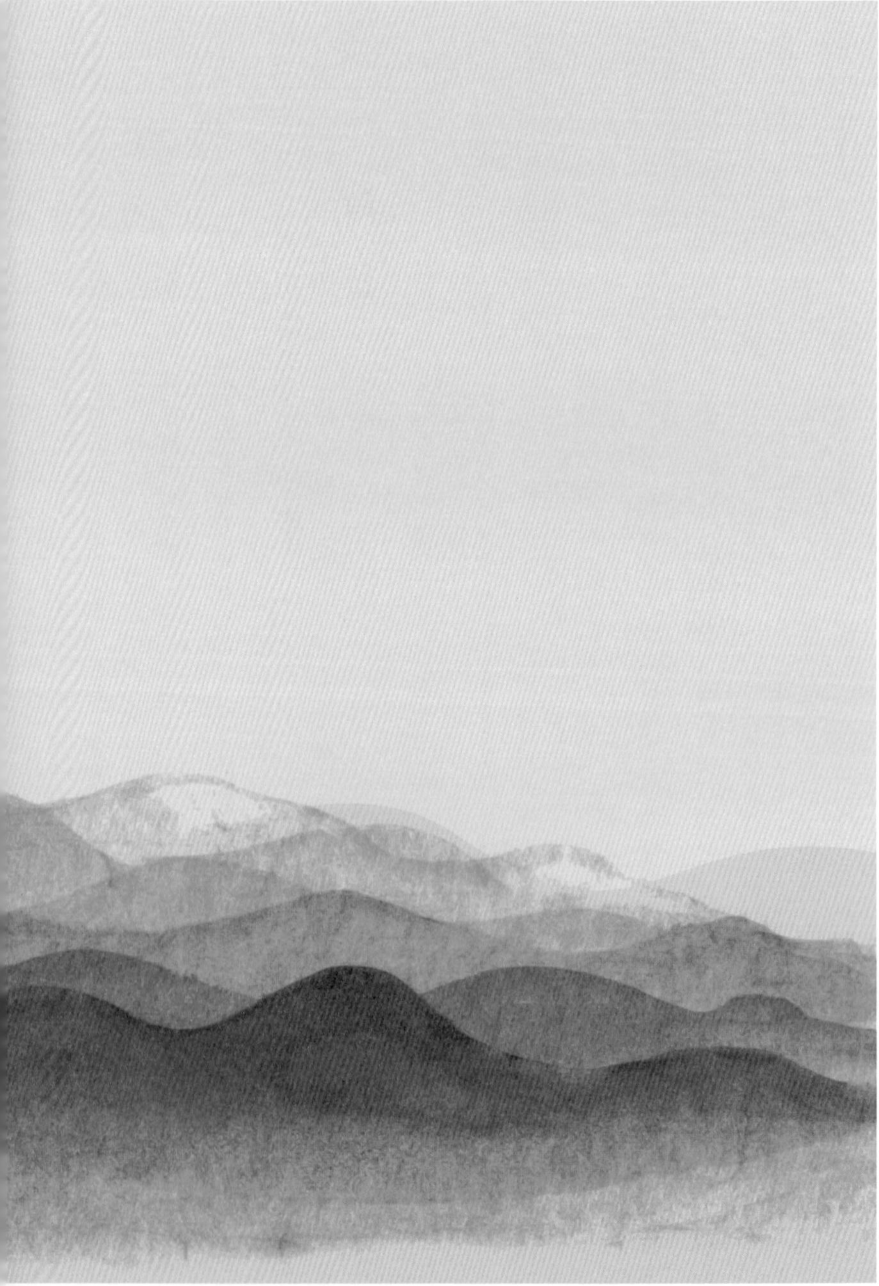

黃帝

第一章　文明和文化的故事

中國不但是一個國家民族的單位，而且是一個文化單位。從遠古到現在沒有變動過。西方文明導源於埃及、巴比倫；印度文明發生在印度本土；中國也是獨立的、自發的在黃河流域產生文明，數千年來有進無已。目前仍然是東方文化的主體，各文化間免不掉交互影響。中國和西方正面接觸實在是近百年的事情。近幾十年來講古史的有一個荒唐說法，總認為中國民族是從別處搬來的，有西來、東來等等說法。初期文明自然也是帶來的，西來說尤其普遍。其實這種離奇想法卻是來自西方，西洋的學者腦子裡潛伏著地球上除了西方人都是野蠻人的觀念。這些「野人」偶而有一點文化當然是沐了他們的餘光。他們就不自覺的說出這般話來，閉著眼算隔壁帳——不會準確。可是百年來的國勢不振，處處不如人。一般智識階級無形中有一種自卑心緒。他們自詡脫離了「天子聖明，臣罪當誅」的境界，卻陷入了「外國人聖明，中國人該死」的田地。在「外國人的話總是對的」這大前提之下，承認了這個西來說。這不但和舊傳說、舊記載牴觸；考古和地下發掘也否認他，都一致證明了中國文化的自發和獨立的發展，既不是西洋學者所說的西來，也不是日本學者所說的東來。事實總是事實，爭辯已成過去，舊話不必重提了。

文化的發展是漸進的，不是驟變的。開天闢地當然不是一個人或幾個人的力量，不是幾個人一跳出來就天地光明，宇宙燦爛。但是長時期，千萬人的事業，卻能從少數人身上看出來。似乎最精粹的東西都結集在他們幾個人身上。一幅畫的龍，鱗爪雖是活靈活現，我們總覺得牠的精神全部從兩隻眼睛上透露出來。歷史上往往著重描述偉人，正是提綱挈領，畫龍點睛。年代久遠，記載缺乏，描寫古代偉人不是容易事。先民的傳說質樸無文，他們形容一個偉人，不能像現代的史家有許多技巧。現代的作者可以連篇累牘寫一個人而不致過分失實。先民恰相反，話雖不多，一下子就說過了限度。富於幻想的述說者，把古代偉人說成神；著重實際的述說者，把他們說成聖；一切文明的產物都歸功於他們。我們的古傳說，後一類居多數，這些傳說自有他想表達的真意義，你不要被他的神奇蒙蔽。完全信他固是大謬，因而鄙棄也是愚笨。我們要深入一層看。這些傳說形容和描寫的是民族偉人，同時也說明在這幾個階段中我們祖先對文化的卓絕貢獻。從文化發展的觀點看，這些傳說都有很清楚的含意。前人的記載確有可信。讓我們舉一個有趣的例子，漢朝人作的《越絕書》有一段記春秋末年楚國風胡子相劍的故事：

……風胡子對曰：「……時各有使然。軒轅、神農、赫胥之時，以石為兵，斷樹木為宮室。死而龍臧。夫神聖主使然。至黃帝之時，以玉為兵，以伐樹木為宮室，鑿地。夫玉亦神物也，又遇精聖主使然。死而龍臧。禹穴之時，以銅為兵，以鑿伊闕，通龍門，決江，導河，東注於東海。天下通平，治為宮室。豈非聖主之力哉。當此之時，作鐵兵，威服三軍。天下聞之，莫敢不服。此亦鐵兵之神，大王有聖德」。楚王曰：「寡人聞命矣」。

人類文明的進步，按照應用的器具劃分成四大時代，是近代史家的事。我們這段記載是兩千年以前的說法。所指的人物和時期雖不盡可靠，所分的時代和次序則確不可移，「時各有使然」，正是說時代有變遷。最古的「以石為兵」，就是現在所說的舊石器時代。「以玉為兵」的時代，就是新石器時代。「以銅為兵」的時代，就是銅器時代。「以鐵為兵」的時代，就是現在所說的鐵器時代。春秋末年，鐵器開始通行，這些器物的改變對人類影響之大，無法形容，就稱它們為神物，推尊開始用它們的人為聖人。古史簡略，只提出幾個偉人和幾件大事，時代又弄不清楚，後人對這些記載的印象，不自覺的認為時代很短，偉人過度的密集。又加以形容偉人的方法不得當，夾雜很多的神話，更容易使後人疑而不信。但這些霧障終掩不住背後的史實，埋沒不了偉大人物的功績。從我們下面敘述的故事裡，我們仍然可以看出黃帝、堯、舜、禹、湯、文、武、周公的依稀面影。

第二章　黃帝的故事

傳說中的黃帝，是中國歷史上第一個偉人，是奠定中國文明的第一座基石。在他以前，人類雖然已經開始前進，對事物已經有很多的發明；但是到了他，似乎有一個時期的激劇發展。在他以前，人類只是應付自然環境，人與人間很少可以紀念的事情。到他才有平蚩尤的故事，永久流傳下來。關於他的傳說，雖有不少，而荒誕離奇的也太多。我們只能作一個遠遠的透視。

第一節　黃帝和炎帝

我們自稱為「炎、黃子孫」，是很有道理的。在那時，中華民族散居各地，形成許多部族，有兩個部族最有名：一個是偏西的姜姓部族，炎帝神農氏是他們的首領；一個就是偏居東方的姬姓部族，黃帝是首領。據說黃帝和炎帝同是少典的子孫，同出於一族，後來分散遷徙，一個住在姬水附近，一個住在姜水附近。日久年遠，兩部風俗習慣的差異，越來越大，變成兩個族類。繁衍擴張以後，再行接觸。炎帝神農氏這一支發展較早，他這個帝號名氏，含有在南方和長於耕種的意思。據說神農生於厲鄉，又說他生於列山之石室，稱厲山氏或列山氏（列又寫作烈。列、烈、厲，都是一字一聲之轉變）。厲鄉到春秋時為厲國，大概在現在的湖北隨縣北百餘里。他的子孫在西周時有申、呂兩國，都在現在的河南南陽一帶。神農的故事都和耕稼有關，古時候平地多湖沼，不便居住。山地佈滿了森林茂草，和野獸同處，由披獸皮、吃生肉的遊獵生活，慢慢進到耕田食穀。五穀是從那裡來的呢？自然是地下生出來的。地下那裡來的種子？推源溯始，我們的古傳說，說「天雨粟」——從天上掉下來的。神農拿它來播種，神農怎麼知道播種？他是生而使然。傳說他「三歲知稼穡」。這一族開始發展農業，他們的功勞，都由神農氏代表著，而神化了神農。他們開闢山林，多半利用火，放火燒山，燒出一片平地，灰就是天然肥料，所以神農又叫烈山氏。他們開始大量吃植物的種子，有了疾病，自然也容易想起吃某幾種植物或者可以治療，後來就推神農為植物藥的發明者，說他「救民病，嘗百草，一日而遇七十毒」。農業生活比較穩定，他們慢慢的擴展。當時自河南中部以東多沼澤，不適農耕，這一族順著豫西羣山向北分佈直到山西的南部。

這一帶地勢較高，便於耕種，他們大概安居得很久（有的傳說說神農傳七十世）。東方的黃帝西來，兩個部族又融合混同。

古史上對於黃帝的稱謂，種種不一。他的帝號，又叫皇帝，又叫黃精之君，又叫中央之帝。他的姓氏，因為居「軒轅之丘」，稱軒轅氏。因為他是有熊國君，稱有熊氏。長於姬水，所以姓姬。他是少典國君的子孫，又姓公孫。其餘還有黃帝氏、帝軒、黃軒、軒黃、軒皇等名稱。這些名字多半和他住的地方有關。他最初活動的地域約在現在的河南中部，後來到達山西南部和陝西邊境，《史記》說他「遷徙往來無常處，以師兵為營衛」，這自然是游牧部落的常態。他是有熊國君，有熊是後來的河南新鄭縣，縣西北有軒轅丘，又有黃水，《水經注》說：「黃水出太山南黃泉，東南流逕華城西。至鄭城東北與黃溝合，注於洧水」。黃帝的名稱或者和黃水、黃溝有關。太山又叫自然山，在新鄭縣西。有的書上稱黃帝為黃自然。據今想來，「自然」兩個字或是「有熊」之誤。新鄭附近還有許多地方都和他的傳說有關，《莊子》上說：「黃帝見大隗於具茨之山」，具茨山大概在現在的新鄭西禹縣北邊。又說：「黃帝登崆峒，問道於廣成子」，崆峒山在臨汝縣南六十里，臨汝西有廣成澤水。「黃帝既登崆峒，遂遊襄城」。襄城在現在的襄城縣西。《史記》上說：「黃帝采首山銅，鑄鼎於荊山下」，首山在現在的襄城縣南五里，西邊迤邐直接嵩、華。這些說法都足以說明黃帝活動的範圍。《列子》上說：「黃帝夢遊華胥之國」，新鄭附近有華城，有華陽亭，就是古華胥國。古書上往往說豫州有華山，豫州現在是河南省，所說的華山，在洛水東邊，大概就是現在的嵩山。現在的登封、禹、密數縣間，古人稱做華，這裡又是夏朝的興起地。我們現在自稱中華，從前又稱華夏，就起源於此。古時新鄭附近最多藪澤，水草豐盛，禽獸眾多，適合於遊獵，黃帝當時是游牧部族，在那裡最相宜。他這一族在文化方面比較落後。

第二節　黃帝的降生

一個庸庸碌碌的人，生也好，死也好。生死除了對他自己有意義以外，對社會人羣毫無影響，歷史上更不會記到他。這樣，真叫人有死了一個螞蟻之感。一代偉人，人們回想起來，他生死似乎都不是偶然。他對後人的影響，使人覺得他的降生真是驚天動地，死亡真是山崩水竭。煊赫和寂寞是別人的感覺。這種感覺羼進傳說，加入了多量神話。據說黃帝是有熊國君少典氏的兒子，母親名附寶，她有一天晚上看到繞北斗第一星，天樞起了一道電光，照耀四野，因而懷孕。二十四個月生黃帝，生的時候，紫氣滿屋。長大，身高過九尺，「河目，隆顙，日角，龍顏」。我們想一想看：一個黑暗的晚上，只有微弱的星光閃鑠著，北斗比較明亮，忽然繞著它起一道青白的電光，四野通明，這是什麼景象？這是說他在黯淡的古史上的地位。我想還應當有霹靂一聲雷，驚醒了中國文明。精神上他與常人不同，後人覺得他形貌也應與眾有異，於是就真的與眾有異。黃帝生下來很小就會說話，有的說他還沒滿七十天。十歲就對當時情形有相當明瞭，明瞭自己的責任。長成，當然是個聰明非凡的人物。

當時偏西的姜姓部族，「刀耕火種」，繁榮已經很久，比其餘的部族強盛有力，地位較高，他的首領為各部的共主。當時神農氏的後代叫参盧，號帝榆罔，勢力漸漸衰弱，各部落紛起爭奪，裡面最強暴的是苗族，又叫「九黎之民」（他們並不是現在的苗族，這一點後人把他弄錯），首領叫蚩尤。他們散佈的區域和姜姓部族大致相同，或者還偏西南些。他們和姜姓部族雜居，免不掉血統混合，所以有的記載說他們也是炎帝之後。蚩尤又叫阪泉氏，蚩尤這名稱，似乎是他們首領的通稱，並不專指一個人。他們的文化並不太落後，銅器似乎是他們首先用的。據說山上驟發大水，金屬鑛隨水流出，蚩尤得到它製造兵器。一個強悍好鬥的部族，又有犀利的兵器，對於當時的騷擾，可想而知；人們也把他們看成一種可怖的怪物。後來的傳說中，他們就真成了怪物。他們似乎有許多部落，酋長都叫蚩尤，於是後來就傳說他兄弟八十一人。他們或者身上雕涅花紋和穿著奇特的衣服，於是就說他們「獸身人語」。他們戰鬥時或者用銅塊銅片保護頭部，有簡單的頭盔，於是就傳說成「銅頭鐵額」、「牛耳，鬢如劍戟，有角。與軒轅鬥，以角觝人」；等等說法，不一而足。姜姓的炎帝起初採取和好政策，重用他們，讓他們監臨四方，他們自然侵略兼併。炎帝命他們住到東方少昊的地方，侵入了姬姓的範圍，蚩尤似乎不願意和東方強盛的部族衝突。炎帝已很微弱，蚩尤想吞併他，代為共主，在「涿鹿之阿」發生戰爭，把炎帝打得落花流水，「九隅無遺」，把炎帝的地方都佔了去。

第三節　黃帝伐蚩尤

假使蚩尤得志，中國歷史也許完全是另一回事。炎帝處置不當，覆亡逃遁。黃帝起來收拾殘局，先把炎帝的餘眾收服下來，再和蚩尤決戰，戰場是在阪泉、涿鹿兩地，後來往往認為兩地都在現在的察哈爾省南部。我們前面已講過，炎、黃活動的區域差不多限於河南省和山西省南部，他們絕不會跑到察哈爾省南部去打仗。其實這兩地都在現在的山西解縣鹽池附近，阪泉有時候寫作版泉，是流入鹽池的一個泉水。解縣西南二十五里有濁澤，一名涿澤，就是古時的涿鹿。鹽池附近還有許多蚩尤的古蹟，他和鹽池似乎有密切的關係，或者當時已盛行食鹽。強有力的部族據鹽池為己有，利用它挾持他族，因而惹起爭奪。後來鹽池晒鹽，崇奉蚩尤神，還有種種神話說鹽水是蚩尤血，說蚩尤發怒使水不成鹽，都顯示和他定有關係。蚩尤把炎帝榆罔趕跑，自己也稱炎帝，想做共主。炎帝看到自己不是蚩尤的對手，就到黃帝那裡請他幫忙。姜姓部族歷史很久，地域廣大，部落恐怕也很多，一旦失掉了維繫，大部分投降蚩尤，有的恐怕也聯合黃帝，有的自立自主，炎帝不能再把他們團結起來一致對付蚩尤。黃帝倒有這種力量，他開始北渡大河，穿過王屋山，先征服在蚩尤附近歸附蚩尤的姜姓部族，在「阪泉之野」經過三次大戰，才獲得勝利，剪掉蚩尤的羽翼，收服了姜姓部族，炎帝從此失掉了共主的地位。

黃帝和蚩尤的戰爭，是古時候第一個驚天地、動鬼神的大戰。後來的傳說，也真加入了天地鬼神。雙方的陣容大概是這樣：黃帝久居東方，國力充實，基礎穩固，友邦眾多，凡被蚩尤欺侮的部族，都到這邊來求援。那時黃帝已漸漸學會農業，不是純粹的游牧部落了。蚩尤驟然強盛，侵凌弱小，人們只是無可奈何他的「銅頭鐵額」、「兵杖刀戟」。他雖慓悍強勇，武器犀利，卻未必有勝算。《周書》批評的好：「武不止者亡。昔阪泉氏用兵無已，誅戰不休，併兼無親。文無所立，智士寒心。徙居於獨鹿，諸侯叛之，阪泉以亡」。這批評的是蚩尤，也正為千古專恃強力欺凌弱小者寫照。黃帝並非純恃文德，武功方面自有長處。蚩尤向外擴張，黃帝早準備抵禦，據說他「教熊、羆、貔、貅、貙、虎」，「馴擾猛獸」，利用牠們作戰。驅使猛獸作戰，到王莽時還有類似的事情。或者像從前印度、緬甸、安南各國的象隊，或者他教的熊、羆、虎、豹不是真正的野獸。古人往往用猛獸的名字稱呼家畜（尤其是馬），表示雄健。他是游牧部族，驅使牛馬上戰場是很可能的。據說車也是黃帝發明的，他也利用車戰。他還有一種厲害武器，相傳他的大臣發明了弓箭，

「弦木為弧，剡木為矢」。中國古代偏居東方的部族往往擅長弓矢，質料雖是木石，能射強及遠，在當時確是一種可怕的新式武器。這些地方，蚩尤都相形見絀。傳說黃帝部下還有幾員大將，最著名的是風后、力牧，後來講兵法的人推他們為祖師。關於他們有一個有趣的故事：黃帝一天夜裡作了一個夢，夢見「大風吹去天下塵垢。又執千鈞之弩，驅羊萬羣」，醒後，他推測「風」是一個人的姓，「垢」去土是「后」，拉硬弓是有「力」，驅羊是「牧」，他疑惑夢指示他尋找風后、力牧兩人，後來果然在海邊遇到風后，在大澤中遇到力牧。據我們猜測，風姓是東方近海的一個大部族（太昊伏羲氏的子孫散居沿海都姓風）。風后或者是聯合黃帝的一個東方部族的首領，力牧是說在草澤中強有力的游牧者。

黃帝北征，和蚩尤一決勝負，最後一次決戰在涿鹿，事先還經過許多小戰和長久的時日。有的傳說，他們七十一戰不能解決。有的說，黃帝「頓兵濁鹿之山，三年九戰而城不下」，兩方面都相當堅韌。從許多神奇的故事中，我們倒可以談一談他們所用的戰術和器械。人類最初的戰爭，大概總是一團混戰。人數稍多就需要行列、陣式。似乎黃帝發明了新的陣法，有節制，有計劃，這對於作戰很重要，也許是黃帝勝利的主因。我們前面說他驅猛獸，用車戰，處處都顯示黃帝有種種聰明巧妙的戰法。這叫平常人很易疑惑他是得到神助，得自天授。他當然也可假借神力。於是有王母使玄女賜兵符給他的故事，有天帝使玄龜獻兵符給他的故事，都說他從那裡邊得到行兵佈陣的方法，戰勝蚩尤。蚩尤除了「銅頭鐵額」、「劍戟戈矛」外，還能「驅罔兩，興雲霧，祈風雨」，「徵風，召雨，吹煙，噴霧」，這類故事流傳很多。驅鬼、召神、興雲、佈霧、吹煙、弄火，固屬神話，可是他們如此傳說，也有背後隱藏的事實。炎帝這一系下來的人善用火，他們開闢山林就是用火燒。蚩尤大概是把火引用到作戰方面來，所以有「炎帝氏衰，蚩尤惟始作亂。赫其火燀，以逐帝」，「赤帝為火災」等傳說。又有的說，黃帝伐蚩尤是消弭火災。古時到處是豐林茂草，處處可以燃火。炎帝能燒山作田，蚩尤當然能在敵前放起一把火來。火勢盛起來，火焰漲天，煙霧匝地。在今日我們看來，尚不免驚心動魄，在視火為神靈、非人力所及的時候，只有奔竄潰逃。可是火在潮溼的草林裡面，不見得燒得很順利。恐怕煙多火少的次數多些。一方面潮溼空氣遇到煙很容易成霧（水蒸氣凝結需要微粒作中心核，煙是最適合的微粒），一片濃煙濁霧熏得人頭昏目脹，一羣奇形怪狀的蚩尤們在後面喊殺過來，的確可怕。逃走都辨不清方向，這比現在發明的煙幕彈要厲害得多。當時的部落吃這個虧的不少，都沒有辦法來抵制它。其實只要不被它嚇昏，陣式穩定，他已無可奈何，再能辨清方向，和不失聯絡，就可以戰勝他。前面講過黃帝用車戰，車子大概總是很粗陋的，也許只是幾塊大木頭連在一塊，不過這就可以防禦敵人的突襲。這種東西轉動笨拙，戰士必須成羣結隊，才不容易被人衝散。目標大了，便容易看到。黃帝又發明了指南車，指示方向，指揮進退。據說他還製造夔牛鼓，這種鼓特別響，「一震五百里」，響亮的鼓聲，不但可以聯絡較遠的戰士，還可以傳遞消息。在原始民族中鼓的用途很大，不同的音節可以報告不同的消息。從前中國南部蠻族的銅鼓就有這種作用，現在非洲民族還利用它。據說意大利侵略阿比西尼亞的時候，阿國就用一個傳給一個的鼓聲發佈全國動員令，幾小時之後，就傳遍了全國。

蚩尤的興雲佈霧，失掉效用，他還會徵風召雨。一個農業民族因為農事的需要，特別注意天時。積長期的經驗，能很準確的預期風雨陰晴，原始的人恐怕更靈敏些，久經從事農耕的蚩尤部族對於這些，比游牧的黃帝擅長。他們預知風雨陰晴，可以先決定進攻或退守。一陣暴風雨可以冷不防的襲擊黃帝的戰士。蚩尤們事先躲避，安然無恙。於是一次偶然，二次奇怪，三次神異，四次就變成蚩尤徵風召雨了。應付這一層，自然很簡單。據說黃帝請下叫「魃」的天女來制止大雨，纔戰勝蚩尤。多雨的季節，黃帝很吃過苦，恰巧碰到一個旱年，自然是天助、是禱告的結果。蚩尤境內大旱不雨，農耕會受到嚴重的影響，促使他滅亡。一幕長期血戰，黃帝終於在涿鹿大敗蚩尤，結束了戰爭，捉到蚩尤，殺之於中冀，身首異處，埋葬到兩地。對於他們不服的遺族，當然還有零星的戰事，以後顓頊、堯、舜、禹屢次征伐苗黎，歷代都為國家要事，可見他們倔強不服，常常發生衝突。不過大勢已定於黃帝手中，戰俘分別處理：良善的，遷到「鄒屠之地」；凶惡的，加以木械，驅逐到「有北之鄉」；降服的，黃帝也重用他們。黃帝開始學習農業，農作物和季節氣候最有關係，先民很早就注意到天文知識。蚩尤們有較久的經驗，黃帝就用他們作「當時」，主天文，地位很重要。他們又有鑄銅的知識，就使他們製造兵器。當時金屬品似乎並不多。

黃帝的武功在涿鹿之戰達到最高峰，蚩尤滅亡以後，諸侯推尊黃帝代神農為天子——當時的共主。各國並立，最不容易安定。黃帝大勝之後，精神不免稍有鬆弛，較遠的部族又開始不安靖，四方漸漸多事。黃帝覺悟得快，一方面耀武示威，圖畫蚩尤的形像送給他們看，意思是說：你們不要忘掉蚩尤的故事，他那樣兇狠，而今安在？再則你們都怕蚩尤的堅甲利兵，我們是征服蚩尤者，又得到他們的兵甲，你們要量力，不要妄動。一方面立即整頓軍隊，討伐亂者，他們當然不堪一擊，黃帝才真正平定當時的世界。北方的葷粥族（後來的匈奴）趁南方多事，向南侵佔，黃帝也把他們趕回去，黃帝的疆域雖比不上現在的中國，但也有相當大，《史記》說他：

> 披山通道，未嘗寧居。東至于海，登丸山，及岱宗。西至于空桐，登雞頭。南至于江，登熊湘。北逐葷粥，合符釜山，而邑于涿鹿之阿。遷徙往來無常處，以師兵為營衛。

西邊到空桐，我們前面已經講過，是在河南省的西部。南邊的熊湘也並不太遠，大概就是後來稱熊山的，現在的河南熊耳山。東邊到海，登泰山。北邊到現在的山西南部。常在釜山朝會諸侯。

釜山大概就是現在河南閿鄉縣南又名荊山的覆釜山。涿鹿附近經過炎帝部族的開闢和耕種，農田已有相當規模，農民定居一處，自然會有村落堡寨。黃帝就原來的情勢，在涿鹿之阿，建築城郭，大部分的游牧者仍然遷徙無常。

第四節　黃帝的文治

捍禦外侮，平定禍亂，要靠武功。穩定基礎，凝固國家，要靠文治。兩者缺一不可。無文治，武功即成泡影。無武功，文治無從樹立。無論文治、武功，人材最要緊。據傳說黃帝的賢臣很多，雖未必見得盡可靠，但就黃帝的事業看，也確需一輩賢哲之士來輔佐幫助。據說他以大填、封鉅、岐伯等為師友，求他們教導。古人理想的政治領袖總要禮賢下士，尊奉年高有德的人們，聽他們的忠告。年老人的經驗和知識，特別為先民所看重。黃帝這一族裡，自然也有這樣人物指導黃帝。其餘的大臣據說還有太山稽、常先、大鴻等很多人。對於農業人材尤其注意，據說他四季都有專門指導農事的官。從游牧慢慢走上農業是一個大轉變，身當轉變中的重要人物要承接過去，適應當前，開闢將來。各部落從事耕種，看重土地，這些土地又要是固定的，部落間的疆界比以往要清楚。大亂以後，部落有很大的遷動，劃定界限更不可緩，黃帝是共主，怎麼樣平均分配，劃分清晰，是要黃帝籌劃的。據說黃帝「命風后方割萬里，畫野分疆，得小大之國萬區」。當時部落很多（當然不是恰好萬國），黃帝威勢盛極一時，大家相安無事，生活固定下來，就「燒山林，破增藪，焚沛澤，逐禽獸」，開闢農田，建築房舍。黃帝發明了舟車，道路平治，交通方便，部族中間來往漸多，黃帝處理諸侯的事務也容易些。他又「置左右大監，監于萬國」，叫兩個大臣幫他處理和監視他們，國與國間有了辦法，人與人間耕地也有相當的分劃，據說後來的井田制就從這時萌芽。

據說黃帝即位做共主的時候有「雲瑞」，就以雲名官，官吏都以雲為名號，古記載上有「縉雲氏」這個名號。有人推測說，這是黃帝的夏官。另外還有春官青雲氏、秋官白雲氏、冬官黑雲氏、中官黃雲氏。其實以雲名官，未必因為祥雲籠照，恐怕這和農業有關。《周禮》上說：「以五雲之物辨吉凶、水旱，降豐荒之祲象」。北方雨量少的地方常鬧旱災，望雲占雨，成了那時候的重要職掌，就衍變成官名，就傳說成以雲名官了。古時的刑罰主要的有五種肉刑：「大辟」是斬首，「劓」是割鼻，「刖」是斷足，「宮」是去生殖器，「黥」是刻面塗上顏色。還有其餘次要的刑罰，相傳是蚩尤作亂以後制作的。有的說這一套就是苗族原來用的，黃帝恐怕也沿用它，法律的詳情現在無從知道，當時設有李官，專司刑法。《史記》記載黃帝說：「於是有天、地、神、祇、物類之官，是謂五官。各司其序，不相亂也」。除了治理人事的官以外，另有司天地、祭奉神祇的官。司天的官是觀察天文製作曆法的，在那時特別重要，為農耕的指導者，為自然的控制者，後來流傳的有黃帝曆法。祭祀神祇是屬於先民宗教方面的事，不過中國歷史上始終沒有僧侶階級，宗教沒有獨立性，凡有宗教意味的事都融合在政治裡。祭祀神祇有專官，是行政的一部分，這些官不能干涉民事，「各司其序，不相亂也」，這種觀念起源很早。《史記》又稱讚說：「民是以能有信，神是以能有明德，民神異業，敬而不瀆。故神降之嘉生，民以物享。災禍不生，所求不匱」。惟有這樣，民眾才頭腦清楚，不致迷信，神也不至於羼雜著人的陰謀詭計，才顯出他的高超純潔。他們各盡自己的職分，各治自己的事情。人對神恭敬不敢褻瀆，不至鬧兩邊戰壕裡共求一個上帝保佑的笑話。神對人只是普遍的降福，賜給他們豐收的五穀，人對神只要拿祭品供獻。神是向全人類講話，單個的人不能分別的祈求。共主是政治的領袖，是全民的代表，他可以祭天求福，求農事的豐年，不關他私人的事。關於這方面，黃帝也作的有相當成績。在泰山上「封禪」，是相傳很古的一種典禮，據說在黃帝前已經有人舉行，後來一直到宋朝，在泰山頂上，積土為高壇，行祭天禮，叫封。下來在附近找一個小山，除地作平墠，行祭地禮，叫禪。據說古時封禪泰山的有七十二君，只有黃帝得上泰山封，其餘的往往遇到風雨和災異不得上去。他還封東泰山，禪凡山，其餘山川鬼神種種應有的祭祀，他都能虔誠執行，得到人民的景仰和上天的賜福。相傳他得到天賜的寶鼎——銅鼎，在那時是珍奇的。

黃帝勞心力，用耳目，節省水火財物。上知天文，推測日月星辰的運行，預知四時季節的轉換。中知人事，別男女，異雌雄；制作用具，建造房屋；畜牧鳥獸，化野為馴。下知地利，播百穀，植草木；利用土、石、金、玉。他成就了這樣的功業，於是他活著的時候，民得其利百年。他死後百年餘威猶在，人民還像常聽到他的命令。再一百年，人民淡忘了他，可是還用他教導的方法。後來說他壽三百年，其實人們永遠忘不掉他。後世傳說紛紜，把他那時候說成理想世界。有的說他「職道義，經天地，紀人倫，序萬物，以信與仁為天下先」。有的說：「黃帝之治天下也，其民不引而來，不推而往，不使而成，不禁而止。故黃帝之治也，置法而不變，使民安其法者也」。有的說：「黃帝治天下，日月精明，星辰不失其行，風雨時節，五穀登熟，虎狼不妄噬，鷙鳥不妄搏，鳳凰翔於庭，麒麟游於郊，青龍進駕，飛黃伏皁，諸北儋耳之國，莫不獻其貢職」。後來道家除了推尊他的政治是清靜無為的理想政治以外，還和老子並稱為道家之祖。說他私人生活，敬謹小心，恬淡無為，修身養性，「聲禁重，色禁重，衣禁重，香禁重，味禁重，室禁重」的清心寡慾。黃帝和老子一樣，主張虛靜的道家生活，因此得享高壽。後來講服食仙藥，修煉神仙的人們，更進一層，竟說他長生不死，成了真仙。不過他有這樣的事業，私生活總不會太差。後人裝點粉飾，反致失真。

第五節　黃帝的制作和發明

前面我們講的是黃帝在軍事政治上的成就，現在看看他對於事物的制作和發明。制作發明最難講，因為後來傳說紛紜，一件器物，這個說是某人發明的；那個又說是另外一個人發明的，甚至有三四個不同的說法。時代既弄不清楚，性質又不明瞭。現在要一定斷定那一說是，那一說非，真是非愚則誣。就是現代的發明者，定要指定是某一個人，也很勉強。譬如蒸汽機，大家都認為瓦特是發明者，其實他只是改良前人的成績，他以後，還經過許多人的改良。古時情形，更不能拿現在的標準衡量。一個發明家，既沒有呈請專利的方法，也不是一個人在那裡苦心積慮的發明，往往是無數人漸次累積的結果。嚴格的說起來，那個最初把樹葉掛在身上的人，就是衣服的發明者；最初把纖維編成一小片的人，就是布的發明者。這樣究竟是誰呢？我們更不要忘記中國在那時候是一個世界，有許多部族並立著。一件器物的發明，各族有各族的傳說，各族有各族的來源，絕非出於一手。在近代，還有兩個各不相關的發明家同時發明的故事；在古時，更可想見。有了這兩個原因，後來的傳說當然要紛歧不一。再經過長時期的口口相傳，訛以傳訛，錯誤百出，一個人傳成幾個人，幾個人合成一個人；一個通名變成專名，一個族名變成人名；人的神化，神的人化；更迷離恍惚，莫可究詰。可是傳說雖不盡可靠，卻不是不能講。二千年前對發明的傳說已經有了兩個解說，戰國時荀卿說過：

> 故好書者眾矣，而倉頡獨傳者，壹也。好稼者眾矣，而后稷獨傳者，壹也。好樂者眾矣，而夔獨傳者，壹也。好義者眾矣，而舜獨傳者，壹也。

倉頡不一定是文字的發明人。他雖喜歡研究文字，研究文字的也不止他一個人。可是他有顯著的成績，他可以專門名家，他的名字就傳下來，成了後代的名人，其餘的都被忘掉，和文字發生關係的人就只知道他一個了。這是說，有了發明的成績，就成了流傳千古的名人。其實據我們的推測，不如說成了千古的名人就會有發明的成績。《易經・繫辭》上說的很明白，它說古代器物的發明和制作都是古聖王的功勞。這種說法不是瞎講，卻是實情。我們試想一個偶然在地下掘洞見水的人，他未嘗想到自己發明了井，更沒有想到鼓吹宣傳，預備在歷史上佔一頁。當時或許驚異一下，以後有機會再試一次，或者告訴別人，或者就模糊過去，湮沒無聞。假使這件事情傳到一個聰明的酋長的耳朵裡，或者是他自己的發現，結果就不同些。他可以盤算一下記在心裡，等他發生興趣或感覺需要的時候，他可以叫自己的部落掘井取水。他的推廣力大，地位顯著，當然人都說是他的發明。我們曉得這種情形，就明白上面的說法。古代的發明者不是聖王就是賢臣，並不是只有他們能發明，更不是他們有發明者的專利權。因為只有他們才能被人知道，被人記憶流傳，後來只能認為是他們的發明。他們匯集各方面的成果，發明者的頭銜也加在他們身上。他們和這個發明也確有關係，因此我們便看他作為那時候的文化代表人。黃帝勝蚩尤是當時一件大事；因而各部族揉雜劇烈，社會變動頻繁，局面一新，新情勢需要新工具，黃帝集合各部族先民的成績來利用，來推廣，來改良，來發明，他融合混同的功勞很大，傳說中他和各種發明和制作都有關係。這種情形，一方面是後人的推尊，一方面也是這個道理。我們分門別類的看一看這些故事。

(一)關於天文曆法方面的

《世本》說：「黃帝使羲和占日，常儀占月，臾區占星氣，伶倫造律呂，大撓作甲子，隸首作算數。容成綜此六術而著調歷也」。古時的人，天天和大自然相處，白晝看到輪轉不息的太陽，黑夜看到盈缺相乘的月亮，又看到慢慢轉換的明星，疑問真不知道有多少。它們究竟是怎麼回事呢？為什麼這樣輪轉不息？為什麼又常常的變化？它們怎樣變化呢？它們又和我們人有什麼關係呢？要想知道它們如何變化，就開始了天文學，開始了曆法。先憑眼和腦積累經驗，再利用器械和工具推測它們的運行。於是太陽一出一沒是一晝夜，一度月圓是一個月，一根固定的木標兩度影子最短的時期是一年，大火星的西流報告了熱季的來臨。因為需要計算，就開始了算學。天空的景象有經常的轉換，又有驟然添上的奇景。每天晚上的流星，隔一個時期的月蝕和日蝕，拖著一簇長尾巴的彗星橫亙長空，種種怪象，使人敬而畏之，使人不舒服。人覺著可怕，似乎將有災難發生。人的情緒不寧，就不知不覺以為天象伴著人類的災禍和幸福。禍福，實際是人自己努力的結果，於是乎有天人相應的想法。人作惡事，天降怪象，人有災禍。於是占星、望氣、推測災祥之學應運而生。這些學問有聯帶的關係，黃帝時都漸漸有了基礎，《世本》上的幾句話我們稍為分析一下：

1. 羲和占日——羲和大概是占日的官名，不是人名。關於他有許多神話，《山海經》說：「有羲和之國。有女子名羲和，方浴日於甘淵。羲和者，帝俊之妻，生十日」。這說她是一位女神，生了十個孩子就是十日，她在甘淵替他們洗浴。古神話是說天上十日並出的。〈離騷〉說：「吾令羲和弭節兮，望崦嵫而勿迫」，羲和變成替太陽駕車的神。據說太陽坐著車子，六條龍拉著車子，羲和是車夫。或許遠古神話中有這樣一個日神，黃帝、堯等就用作占日的官名。推測太陽的運行，本來是曆法的一部分，所以有的記載又說「羲和造曆象」。自然界的現象，人類最初有不可捉摸之感。測驗它的變化，具有把握控制的意味。打破它的神祕後，人類真覺得是捉到了它。能規定它的行動，覺得能駕馭它。天上的羲和神是「御日」，人間的羲和官是駕馭日。或許遠古天文知識才開始的時候，有一種占望的人叫羲和，人們覺著神奇，就傳成神話，由神名變成人官，由人官變成天神，都有可能，我們不能把二者混而為一。

2.常儀占月——常儀也是官名而非人名。《山海經》說：「有女子方浴月。帝俊妻常羲生月十有二，此始浴之」，這和羲和的故事相似。羲和生十日，是說他分十日為一旬。或有竟用甲、乙、丙、丁等十個天干來名日，一旬一輪流。常儀生十二月，是說他因為十二次月的圓缺，把一年分成十二個月。或者竟用子、丑、寅、卯等十二個地支來名月。占日占月本含有神祕性，越傳越奇，羲和生了十個太陽，天上十日並出，地下太熱了，動植物都燒焦，幸虧出了個善射的后羿，他張弓搭箭射死九個，只剩下一個。常儀變成嫦娥，嫦娥是后羿的太太，偷吃了他長生不死的仙藥，跑到月亮裡面，變成住在廣寒宮殿的嫦娥仙子。后羿和日月都有關係，說不定他對曆法有過一度的改革調整。十日並出只是曆法紊亂，把一天的名字，這個說是甲日，那個說是乙日，又有的說是丙日、丁日、……，一天竟分歧成十日，由后羿把它糾正過來。假使是部族間的傳說歧異，恐怕還需要武力來貫徹。「后羿善射」，是說他這一族善射。射死十日，是說他逼迫他族承認他這個曆日。

3.臾區占星氣——臾區又叫鬼臾區，又叫鬼容區，據說是黃帝的一位大臣。古人除了記載星辰天象，劃分星宿和憑經驗來定風雨陰晴以外，還要看星光的昏明，流星，隕星，來推測是祥瑞，是變異。看雲的色彩、形狀，風的方向、猛緩，來斷定什麼事要發生。這套學問各民族都有，而且很流行。在中國也是源遠流長，後來成了專家之學，歷史上有許多占星望氣的故事。

4. 伶倫造律呂——先民不祇是用眼睛看，還要用耳朵聽。聽到自然界的種種聲音，加以仿效就是音樂的起源。音樂在古時發達最早，古人最看重它，古帝王都以作樂為必要的大事。從前人把音律和曆法講在一塊，說度、量、衡都從樂律推衍出來。大概原始的人對於數目的觀念，從樂律得來，因為計算的關係，把律、曆合講。同時季節的變換，影響到人的心情，也變換了自然界的音聲，而音樂也能轉移人的情緒。自情緒相同的觀點看，某種樂奏起來溫煦如春，某種肅殺如秋。因此人們深信音聲和季節有關，也把樂律和曆法合講。先民制定音樂的法則，怎麼樣區分音調和音調的標準，都推始於黃帝。最初用的只有五個音，就是宮、商、角、徵、羽。後來加上變徵、變宮兩個「半聲」，成了七音（相當於西洋用的 do、re、mi、fa、sol、la、ti 七音）。又因為聲調轉變的關係，衍成十二律。另外換上黃鐘、大呂、太簇、夾鐘……等十二個新名。其實律就是音，黃鐘是原來的宮，太簇是原來的商。只另外加了五個。不過律字含有固定法則的意味，音是一個普通名詞。十二律從黃鐘數起，單數的又單分開叫「律」，雙數的叫「呂」。黃鐘、太簇等就是律，大呂、夾鐘等是呂。分稱律、呂，合稱律。伶倫是黃帝的大臣，據說伶倫奉黃帝之命作律，他從大夏到阮隃山北，在嶰谿谷找到適合的竹管。竹管要生得好，厚薄均勻，孔口大小不變。

截下一段，吹它的聲音作基本音，就是「黃鐘之宮」。這一段有一定的長短，拿它作標準，製成長度不同的十二個管，應十二律。他又到阮隃山聽鳳凰的鳴聲來校正它們，雄鳥鳴聲有六等，相當於六律；雌鳥鳴聲有六等，相當於六呂（雌聲高些）。其實黃鐘管長短既定，其餘的管子都可以按比例算出，所以「黃鐘之宮，為律呂之本」。竹管子是不容易保存的，黃帝又命伶倫和榮將鑄十二個鐘作樂音的標準。據說當時還有「女媧作笙簧」，「隨作笙」等。黃帝作了一部樂叫〈咸池〉，在古傳說中是很有名的。

5.大撓作甲子——甲子就是後來的干支，以干支記日，來源很古，甲、乙、丙、丁、戊、己、庚、辛、壬、癸，叫做十干；子、丑、寅、卯、辰、巳、午、未、申、酉、戌、亥，叫做十二支。二十二個字的意義和起源，後人紛紛解說，沒有一說近似的。用它們記日，卻是自有記載以來的事實（記年是後來的事）。容或最初僅用天干，後來又配上地支。干支相配，可以記六十日，六十日的名稱不容易弄錯。甲子不會寫成乙丑，初一日很容易寫成初二日。最大的好處還是更改曆法時，年月日的數目字根本靠不住，而甲子則一周六十日再接一周六十日，連續不斷，可以綿延永久，這是一個很聰明的辦法，相傳是大撓發明的。大撓是黃帝的史官，黃帝曾以為師，或許這種風俗是黃帝部族特有的。

6.隸首作算數——數目完全是抽象的東西，離開實物，很難把捉一、二、三、四是什麼。先

民對於它的發明，需要很長久的時間，我們只要看幼童把捉數字的困難就明白了。音樂在各民族中發達最早，樂律和數有密切的關聯，因為七音（或十二律）間有一定的關係，這種關係可以拿竹管和絲絃的長短（或鐘的容量）來表示。不過發宮音的管子和發商音的管子的長短僅有固定的比例，而無固定的長短。譬如說商比宮是8|9，拿九寸長的作宮則商管長八寸，拿八寸一分的作宮則商管長七寸二分。這一種比例關係顯示了數之有獨立性。而聲音又是渺茫不可捉摸的，和眼見的實物不同，於是數就離實物而抽象為自然界一種神祕的性質。古人把音律和數合講，又說度、量、衡等數量觀念全由樂律推衍而來，是有歷史根據的（西洋古樂律和中國的相似，是希臘大數學家比打哥拉斯 Pythagoras 創建的）。隸首是黃帝的史官，他或者是一位古算學家。當時文明急劇進步，算數是必須的工具，它就應運而生。

7.容成作調曆——據說他綜合上面所說的六種方術，制作一種曆法。關於容成，傳說不一：有的說他是黃帝的臣屬，有人說他是黃帝以前的古帝王。他似乎是一個部落君長的通稱。關於曆法，有的說羲和造曆，有的說神農造曆。羲和造曆前面已講過，神農是個農業部族，自然注意到時節，有原始的曆法。容成是集合前人的成績修整條理製成新曆，後人承襲他的法則再加以改進。漢朝初年流傳的六種古曆，有一種叫黃帝曆，已不是原來面目，雖不見得盡出後人偽造，可能是承襲黃帝遺法的一部分，重新製造而仍推始於他的。

(二)關於衣食住行方面的

人類文明從這方面開始，文明進步也在這方面表現得最清楚，黃帝部族由畜牧進到農業，各方面都要改進，衣、食、住、行自然最急切，他的發明很多。

1. 衣裳——衣裳的原料最初是樹葉獸皮，後來有可以編織的纖維，像麻一類的東西。絲是中國最偉大的發見，有史以來就有絲的記載。據說黃帝元妃西陵氏女名叫嫘祖的開始養蠶。衣裳是黃帝之臣伯余作的，最初只是細麻繩用手織成的綢。有的書上又說「胡曹作衣」，大概胡曹作的是衣的另一部分，所以又說「胡曹作冕」，他製作的是帽子。《世本》又說：「黃帝臣於則作扉履」，是一種鞋子。這些東西當時大概都很簡陋，式樣顏色都很單純。黃帝這一族自有他特殊的裝束，每一種衣飾有它傳說的發明者。

2. 飲食——古人受了飲水的限制，居處往往靠近河流，游牧者逐水草而居，農人只能沿溪流發展。後來發明了井，打破這個困難，農人才可以廣泛的散佈。井的發明者，《世本》既說是伯益，又說是黃帝。或者是兩個獨立的發明，或許有前後的改進。井解決了水的問題。在黃帝以前火已經發明，燧人氏鑽木取火，用來燒烤熟食。農業發達以後，五穀也須要熟食。從前燒烤生肉的辦法不甚合適，黃帝似乎有一種新的方法，後人又有說黃帝發明火食的。收穫五穀，去殼磨碎，連帶著需要新的工具。據說黃帝臣雍父作杵臼：「斷木為杵，掘地為臼」，一種最簡單的杵臼，可以把米和高粱的殼子舂掉，其餘的工具都沒有記載。

3.宮室——原始的人穴居野處，後來在樹上構木為巢，巢上面加一層掩蔽，以遮擋風雨，慢慢形成房屋。房屋的樣式經過許多變化，發明者傳說不一，有的說是黃帝的發明：「伐木構材，築作宮室，上棟下宇，以避風雨」。漢朝人傳有黃帝的「明堂」圖，明堂是皇帝發號施令、祭祀鬼神的處所，是古時的宮廷和廟宇。據說黃帝的明堂，中間有一殿，四面無壁，上蓋茅草，垣牆的周圍是水。話雖未必可靠，黃帝的住所總是很簡陋的。四面的水有防禦作用，這叫我們聯想到古時的湖居人，在湖裡面蓋房子。

4.舟車——《易・繫辭傳》說：「黃帝、堯、舜……刳木為舟，剡木為楫。舟楫之利，以濟不通，致遠以利天下。……服牛乘馬，引重致遠，以利天下」。最初的舟楫極簡陋，找一段大樹幹把它挖成槽，推到水裡就是船，找一段樹枝就是楫。舟的發明者傳說不一：「巧倕作舟」，「番禺是為舟」，「虞姁作舟」，「共鼓、貨狄作舟」，各傳說間，其中容或有改良「刳木為舟」，採取較好的辦法的。車的發明者是奚仲，他的時代也有幾個說法：有的說「黃帝作車，引重致遠。少昊時駕牛，禹時奚仲駕馬」。還有的說，王亥作服牛，「相土作乘，胲作駕」。王亥和相土都是商朝的祖先，他們似乎應當生在夏朝。也有人說他們是黃帝的臣屬，恐怕不大可靠。

㈢關於武器和文字方面的

最初的人類除了天生的爪牙以外，就知道「剝林木而戰」。武器真是有生俱來，始終在人類歷史上佔重要的一頁。從用木棒進到琢磨硬石成刀斧，發明了木弓石箭，大有雄長百獸的威力。黃帝戰勝蚩尤，利用他們鑄銅的知識製造兵器，大部分的器用恐怕還是木石，青銅容或是剛剛發見。文字比武器發明的晚，據說上古結繩記事，可以打成種種式樣的繩結來表示繁複的事情，慢慢利用象形的簡單圖畫，和刻在木板上的符號，最後形成文字，據說這也是黃帝時候的事。

1.弓矢——這兩種武器在古時最厲害，用法也特別。我們驟然一想似乎有弓就應當有箭，二者不能單獨發明。事實卻不然，前人說「弩生於弓，弓生於彈，彈起於古之孝子。……古者人民樸質，飢食鳥獸，渴飲霧露。死則裹以白茅，投於中野。孝子不忍見父母為禽獸所食，故作彈以守之，絕鳥獸之害」。弓生於彈，彈雖未必像這個故事所說的孝子為守護父母的尸身而作，但和投擲禽鳥一定有關係。先是用手擲土塊石子，後來利用樹枝的彈性就開始了弓。用箭不一定要弓，現在野蠻人還有用吹箭的。箭或者竟起於投擲標槍，把槍縮小成箭，和弓合用，成了一套。最初做弓箭的材料，多半是木石，發明者有「揮作弓，牟夷作矢」、「倕作弓，浮游作矢」、「夷羿作弓」、「少昊生般，是始為弓」等說法。據說揮和牟夷都是黃帝臣，倕又叫巧倕，是古時的巧匠，製造的東西很多，叫倕的似乎不是一個人，他似乎是一種工匠的通稱，而非專人名。羿也是一種人的公稱，他以善射著名，他或者因為善射而獲得發明弓矢的頭銜。或者他曾經對弓矢加以改造，使它更猛烈合用。我們前面講過，古時東方部族善射。東方有很大的一族叫夷，「夷」字就是一人帶著一把弓。我們從「牟夷」、「夷羿」和「少昊」（他的故都在現在的山東曲阜）幾個名詞看來，弓箭是出於東部諸族。

2.鼓、指南車等——鼓和指南車的故事前面已經講過一點。《世本》說「夷作鼓」。夷不曉得是什麼人，有人以為就是黃帝之子夷鼓。《山海經》有一段神話說：「東海中有流波山，入海七千里。其上有獸如牛，蒼身而無角，一足。出入水，則必風雨。其光如日月，其聲如雷，其名曰夔。黃帝得之以其皮為鼓，橛以雷獸之骨，聲聞五百里，以威天下」。似乎黃帝時已經有了很響的鼓，於是有夔的神話。同時他還發明指南車，製造的方法後世無傳。相傳他還有像樣的軍樂：「岐伯作鼓吹鐃角」。這些發明都用來對付蚩尤。

3.文字和圖——荀子說：「故好書者眾矣，而倉頡獨傳者，壹也」。倉頡造字，傳說很古。造字的雖不止他一個，而他獨為後人所知。造書契是一件大事，有很多神話。相傳倉頡是「蒼帝史皇氏，名頡，姓侯岡」。像貌古怪，有四隻眼睛，有書寫繪畫的天才。他仰觀天文，俯察萬物，天上的星斗，龜背的甲紋，鳥的羽翼，山川的形勢，都收攝摹仿，創為文字。這在人類文明上，確是一件了不得的事，於是「天為雨粟，鬼為夜哭，龍乃潛藏」。天雨粟是慶賀人的成功，使他們由游牧進到農業。鬼夜哭是件很有趣的事，我們要知道文字比捉鬼請神的符咒厲害得多，符咒是意義不明的一段胡話，一段文章卻是很清楚的記事。符咒未必能干涉鬼神的事情，文字卻把千百年的鬼事（過去的事）一把捉著。它永遠不得自由，永遠跳不出幾張紙。裡面的人永遠活著，不能變成死鬼。自然界的神，我們也可藉文字宣佈他的祕密，這都於鬼神不利，鬼焉得不哭。倉頡名氣很大，可是他的時代和身分卻鬧不清楚：有的說他是黃帝的史官，有的說他是古帝王；時代則在伏羲前，在伏羲世，在炎帝世，在神農黃帝間，說法很多。據我們看，黃帝就是說他是東方的帝王，或者他竟是東方一個部族的首領。倉頡是首領的通名，歷代都名倉頡。他歷經各代，也是帝王，也是黃帝的史官，各不相妨。據說他造字的同事還有沮誦，也是黃帝的史官。有的又說「史皇作圖」。圖和文字是一件事，不妨是一個人的工作。

㈣其他方面

銅鏡據說是黃帝臣尹壽作的。醫藥在那時候也似乎大有進步，最古的醫書《內經》，就託始於黃帝和岐伯的問答。有《素問》、《靈樞》二種。相傳那時名醫還有雷公、俞跗，俞跗擅長剖割洗滌，是外科醫生。我們前面講過秦、漢時道家推黃帝與老子並為祖師，漢、魏以後，修仙的人又說黃帝成仙，並且是神仙界的要人。再後占卜、看陰陽宅、看風水等等一切技術，也有很多說始自黃帝，我們可以看出他影響之大，入人之深。

上面我們講到許多發明家的名字，它們並不一定是某個人的名字，有的是官名，有的是一種人的名字，有的是族名，有的則是因為他擅長某一種技術而起的綽號。傳到後來，都變成單純的人名，更使古史紛亂不清。我們雖然講舊話，但我們不能泥看。我們只看文化開展的大型，這裡面是黃帝的故事，也是黃帝部族的故事，也是我們祖先最初發展的故事，文物的各方面都在萌芽。後人紀念這個開創期有種種想像傳說，認為奠定文化最低一層基礎的偉人，是這個時期的代表人，他就是黃帝。

第六節　黃帝的長生和子孫

據漢朝方士們的說法，黃帝最後登天成了神仙，《史記》有這樣一段記載：

黃帝采首山銅，鑄鼎於荊山下。鼎既成，有龍垂胡髯下迎黃帝，黃帝上騎，羣臣後宮從上者七十餘人。龍乃上去。餘小臣不得上，乃悉持龍髯。龍髯拔，墮，墮黃帝之弓。百姓仰望，黃帝既上天，乃抱其弓與胡髯號。故後世因名其處曰鼎湖，其弓曰烏號。

又說：

> 黃帝已僊上天，羣臣葬其衣冠。

方士拿這套話騙漢武帝，取眼前的富貴。他們並不願意步黃帝的後塵。他們不瞭解成仙的真義。黃帝死時雖沒有龍迎，內心也不會有什麼痛苦，百姓也會仰天而號。仙本不是肉眼看得見的，黃帝自從他但為人所知不為人所見的那一天就成了神仙。他不是長生在天上，而是永生在後人的心裡。他修煉的方法就是我們前面講的許多話：他的政教和制作。他的精神永存，肉體和衣冠差不多，羣臣把他埋葬起來，陵墓在橋山。現在有三個橋山：一個在陝西中部縣西北，下邊有一條河穿過，所以叫橋山，上邊有黃帝陵。一個在察哈爾省涿鹿縣。歷代祭黃帝的大半到陝西，也有到察哈爾的。還有一個橋山在山西襄陵縣東南四十里接曲沃縣界，下邊有很幽深的一個石洞，山蓋在上邊像一座橋，這裡卻沒有黃帝陵的傳說。不過據我們前面講的黃帝活動的地域看，這一個橋山最可能是他埋骨所在。黃帝死後，這個部族綿延推廣。他的本部落似乎失掉了共主的地位。古記載上說他以後有名的君主有少昊、顓頊、帝嚳，又說他們都是黃帝的子孫，《大戴記》說：

> 黃帝居軒轅之丘，娶于西陵氏之子，謂之嫘祖氏，產青陽及昌意。青陽降居泜水，昌意降

居若水。昌意娶于蜀山氏。蜀山氏之子謂之昌濮氏，產顓頊。

又說：

黃帝產玄囂，玄囂產蟜極，蟜極產高辛，是為帝嚳。

這裡說的父子，其實是祖先和苗裔。或者其中有些名字失傳，或者這裡面的名字是一族的名稱，代代相同。玄囂這個人，《史記》上以為就是青陽，後來更以為他是少昊。其實少昊是在黃帝東邊一個部族的君主，或者黃帝的後裔有一部分遷到少昊那裡，也叫少昊。除了昌意和玄囂外，黃帝還有二十三個兒子，一共二十五個兒子，有姓的十四人，分為十二姓，就是姬、酉、祁、己、滕、葴、任、荀、僖、姞、儇、依。

顓頊為一時共主，帝嚳繼之，他們兩個人代表黃帝子孫的兩大支。顓頊偏居西方，他似乎繼續黃帝的餘烈向西發展和苗黎衝突。帝嚳偏居東方，帝嚳的子孫有四支：留居東方的一支是帝摯，是他的正支，一支是商部族。西遷的有住在現在山西南部的唐族，有後來一直到陝西的周部族。顓頊的子孫，有住在現在山西南部的虞部族，有住在河南西部的夏族，還有自東北到西南散居各處的昆吾、參胡、彭祖、云鄶人、曹姓、季連。季連是楚國的祖先，秦是商朝的別支。這個子孫繁衍、族姓眾多的部族，構成了中華民族的骨幹。

堯舜禹湯

黃帝以後，文明逐漸進步，農業代替畜牧，陶器、青銅器代替石器，存在的石器也越來越精緻。陶器有一個時期最盛行，大約相當於古記載所說的帝堯陶唐氏、帝舜有虞氏前後。我們從「堯」「陶唐」三個字看，已明顯的看出他和陶業有關。又有他「飲于土塯，啜于土刑」等說法。關於虞舜的事業，前人特別提出他「耕稼、陶、漁」，製陶僅次於耕種，可見在當時之重要。虞部族以製陶器著名，古書上常說到「舜治陶」，「陶河濱」，和「有虞氏尚陶」等。舜的後代胡公滿在周朝初年做的官就是陶正。《禮記》上說「有虞氏瓦棺」，棺材也用陶作，實際就是把尸身裝在瓦缸或大瓦罐裡。近來考古學家發掘出來很多古陶器，除了各式的容器以外，還有些零星用具，也發現了罐葬。有些陶器作的極精緻，為現代所無，最古的文字也在陶器上發現。堯、舜以前沒有以陶著名的，以後也漸漸為青銅器超過，處於次要的地位。堯、舜時代，政治上有顯著的進步。神農、黃帝時期，各部落用武力爭作共主，堯、舜時期有了部落公舉共主的制度，這種公選皇帝制度，像東胡族、蒙古族等都有過，堯、舜時期運用得特別圓活，堯、舜的禪讓為後代所豔稱。這時期的大事，一方面繼續和苗黎衝突，一方面有著名的大洪水。洪水似乎是由於黃河的泛濫，夏禹出來結束了這兩件大事，中國歷史又進一步。禹的兒子啟繼禹作共主，共主的位置落在一家；這是說政治領導地位的穩定，減少了爭端。夏朝經過幾百年，後來他們政治腐敗，無力領導各國，商湯革命代作共主，開始了商朝，商朝又有幾百年的歷史。唐堯和虞舜，在現在的山東西部和山西南部都有遺跡、都有傳說。容或因為大洪水的緣故，他們的部族四散播遷。他們的大部分遷到山西南部。夏族起於河南嵩山附近，延伸到山西南部，以後漸次向東發展。商族起於東方，向西發展。堯、舜以後的事蹟已經有了正式的記載，這些記載是後人的追述，免不掉有修飾的地方，但絕非完全偽造。現在的人多半疑惑，那時沒有那樣好，他們應當很野蠻。平心而論，並不是那時特別好，而是那時並不像現在的人想的那樣壞。

第一章　堯的故事

第一節　堯的政教

黃帝子玄囂，玄囂生蟜極，蟜極生帝嚳高辛氏。高辛氏為一時共主，娶娵訾氏女生摯，娶陳鋒氏女生放勳。摯年長，繼承了君位。放勳先封在陶，後封在唐國為諸侯。帝摯不孚眾望，勢力微弱，他死後，大家推放勳為共主，就是帝堯，國都在平陽，在現在的山西臨汾縣（古時地名是隨人遷移的。陶唐和平陽，在山東、山西都有傳說的遺址），他的事蹟大半發生在那裡。他眉分八彩，像八字形，像貌怪異。他具備一切美德，舉止動作都有法則，聰明智慧超人一等，又很能幹，他自己卻並不驕傲，又是那樣的敦厚、溫柔、誠實、謙虛。後人稱讚他「其仁如天」，無處不到；

「其智如神」，非常人所能知；「就之如日」，又明亮，又溫暖；「望之如雲」，希望他的滋潤。他自己的生活極儉樸，住的茅草房子，草都沒有剪整齊，椽子也沒有砍平滑，紅木的車子也毫不加彩畫，草席也不鑲邊，吃的都是粗飯。他希望為人民服務，而不是受人奉養。這些品德不但獨善其身，主要的是他能發揮出來，見諸政治的實施。他施政自內及外，自近及遠。順著天然的次序，先親睦本族，再使羣臣的家族各得其所。他把這一個單位治理得像樣了，再使「萬國」和合無間，與比較文化落後的黎族也相安無事。

社會的經濟基礎是農耕，君主主要的行政是指導和改進農耕。農事和季節最有關係，堯命掌天文曆法的官羲和仔細觀測天象，計算日月星辰的運行，推定節氣，告訴農民什麼時候可以種麥、什麼時候可以種稷。四位羲和的屬官分任測定四時的工作，同時指導農人耕種。他們分處四方觀測，互相印證，平均的結果比較準確。羲仲居東方堣夷叫暘谷的地方觀測日出，定春日時節的早晚，指導農人開始農作。到晝和夜一樣長，傍晚時正南方出現了星宿（二十八宿之一），那是春分節，春天已過去了一半。羲叔在南面的南交觀測天象，指導夏日的農作。到白晝最長，傍晚正南方房宿出現了，那是夏至節，是夏季的正中間。和仲到西面叫柳穀的地方觀測日入，決定秋日的收穫。到晝夜等長，傍晚正南方虛宿出現的時候，是秋分節，也是秋季的正中間。秋盡冬來，是農民休息的時期。和叔到北方叫幽都的地方觀測天象，到白晝最短，昴宿在黃昏的時候佔據了正南方，那告訴我們冬至到來，恰是冬季的一半。羲和推定四時，堯就命他們製成曆法。一個太陽年是地球圍著太陽轉一周，所需的時間是三百六十五日五小時四十八分四十五秒多一點，據說堯時候算作三百六十六日。月亮圍地球轉一周需要二十九天半多一點（實際上是二十七天多，但地球自己還在動）。這樣日月在天空中一年有十二次交會。我們把一年分成十二個月，朔在月初，望在月中，造成了陰陽合曆。可是月轉十二周只要三百五十四天多，比一個太陽年少十一天多，不到三年，月亮就多跑出一周來，成了一個月，這一個月叫閏月。據說堯時候已經用閏月來調整季節。現在我們無法知道堯時曆法的詳細究竟怎樣，只能說那時對曆法上一定有一些成就和進步。曆法告成，農民有所依據，一切事情有所係屬。百官經過帝堯的整頓，也百廢悉舉，眾功皆興。外患仍有一部分苗黎搗亂，堯也不客氣的和他們在丹水邊打一仗，把他們平定下來。

帝堯耗費了半生心血，眼看著一切都很好。不過仔細想想，又說不出什麼功績，平常雖是儘量的採納輿情，立「誹謗之木」，置「敢諫之鼓」，來叫人說話，到底也不知道天下究竟怎樣，老百姓的反應怎樣。問自己的近臣，他們不知道。問大臣，他們也不知道。問外邊的人，他們也說不出。他就私下出來探訪，在大街上聽到小孩子們唱歌：「立我烝民，莫非爾極。不識不知，順帝之則」。意思說，我們民眾都有飯吃，都是你想的辦法；我們不常聽到皇帝的命令和宣告，卻不知不覺的跟著你的領導走。堯很高興，知道自己相當的成功。還有一個故事說，當時天下太平，百姓無事，有一個八十多歲的老人在路上擊壤，擊壤是一種遊戲，用木板削成兩塊壤，形狀像人的鞋子，一個放在三四十步的遠處，拿另外一個投擲牠，擊中為勝，他玩的很高興，傍邊看的人說：「我們的皇帝真好啊！」這個老人說：「吾日出而作，日入而息，鑿井而飲，耕田而食，帝力於我何有哉！」一天到晚很自然的生活著，並不知道帝堯的力量在那裡。其實堯防患於事先，成功於無形，這正是他的偉大處。孔子稱讚他說：「大哉堯之為君也！巍巍乎唯天為大，唯堯則之。蕩蕩乎民無能名焉。巍巍乎其有成功也，煥乎其有文章」。堯可以和天比擬，四時運行，不言不語，一點也看不出他在那裡用力，而萬物繁殖。他的廣大弘闊，人類也就沒法衡量。只看到各方面都很好，就是他的成功。這並不是說的太過，只要政治首領能看出在當時情況下，民眾們下一步的需求，預先把各方面佈置好，到需要的時候自然而然的走上軌道，主持者不覺得費力和迫切，民眾不覺得有什麼要求和不滿，一切平穩的發展著，就是這種境界。後人算起總帳來，就覺得他的偉大了。

堯到了晚年，幾個能幹的大臣像羲和們，慢慢的死了。洪水泛濫，黃河從龍門山以下到處溢流，始終沒有治理好，他時刻憂慮。有一天，他問羣臣誰能補羲和的缺，一個大臣叫放齊的說：「你的大兒子丹朱人很賢明，可以替他」。帝堯說：「唉！他頑狠好鬥，怎麼能行」。又接著說：「究竟那一個可以？」另一個叫讙兜的大臣說：「共工很能辦事，可以用」。帝堯說：「唉！共工話很會說，行為卻很壞，外面假作謙恭，其實傲慢欺天，不可用」。有一天，又對管理四方的四個大諸侯——四岳嘆氣道：「水災鬧的這樣兇，水勢滔天，山嶽都圍起來，斷了交通，土丘都淹沒了，人民跑到高地去住，不能耕種，什麼人能治水呢？」他們一齊說：「鯀可以」。堯說：「這個人靠不住，他不聽命令，他的部族已經瓦解」。四岳說：「這倒沒關係，可以叫他試一試」。大家都舉薦他。堯雖覺得不妥，一時也找不著更好的人材，就用他去治水。治了九年，沒有什麼成績。堯覺得自己老了，精力不夠，事情也不順手，想早把共主的位置傳給一個賢者，來完成這些工作。

第二節　堯讓舜

當時共主由部落公舉，由前一個共主召集諸侯，選一個人出來代理政事，試驗他的能力，樹立對民眾的威信。共主死後，這位候補者正式攝政三年，再退位待各部落和民眾的公決。假使大家擁護他，他就可以正式做共主，舜和禹都是這樣。這種攝政三年退休的辦法，到了天子世襲的時候，變成了父死、子行三年喪、政事由宰相代理三年的故事。堯當時召集了四岳和其他的諸侯說：「我已經做了七十年的共主，現在應當重選繼承人，四岳能不能接受這個位置？」四岳說：「我們的才德和人望都不夠」。堯說：「好，那麼大家就挑選在下位的」。大家一致的說：「虞族有個叫舜的人，是一個中年的獨身者，他很有才德」。堯說：「是的，我也聽說過，他究竟怎樣？」四岳說：「他父親是一個盲人，很冥頑不靈。繼母是個長舌潑婦，弟弟是一個兇暴的妄人。在這種環境下，他對父母孝、兄弟和。族內情況倒很好，不至為非作惡」。虞族是擅長和重視音樂的。舜的父親瞽叟是樂官，是虞族的貴族。假使沒有舜，他們很可能率領強大的同族來搗亂，這一點為當時人所重視。堯說：「好，我試他一試。他不是還獨身嗎，我把兩個女兒嫁給他」。於是堯把兩個女兒——娥皇、女英，嫁給舜。舜叫二女住在媯汭，媯汭是媯水入黃河的地方（在現在的山西永濟縣），是虞族的聚居地。

堯察看的結果，覺得這個人很不錯，就叫他到政府來試事，先司民事，教百姓父義、母慈、兄友、弟恭、子孝，民眾都聽他的教訓。再遍試百官，政事都井井有條。處理四方諸侯的交涉，大家都很敬重他。最後試驗鬼神對他怎樣，叫他到山邊大森林裡面去。他遇著風雷暴雨也沒震驚失措，堯覺得他可以擔當大事，就告訴他說：「已經三年了，你的言語和行事，都很有成績。現在你可以登帝位，攝國政」。舜謙讓自己的德行不夠，堯當然不答應。那一年正月初，堯在祖廟裡傳政給舜，便告老退休，舜代行共主的職務。舜當政以後，政令一新。用儀器「旋璣玉衡」觀測日月和金、木、水、火、土五星的運行。祭祀天、地、山、川、鬼、神，在南郊祭上帝，在六個神廟祭天地諸神，遙祭名山大川。應祭的羣神，都挨次祭過。對天神的事完了，又大會諸侯，把他們朝會時拿的玉圭（有五種）收回來。選擇一個吉日，朝見四大諸侯——四岳和眾諸侯、羣牧，再正式發還玉圭，算是新任命。他還時常的出巡四方：他常以二月間到東方，到東嶽岱宗焚柴告天，遙祭東方的小山川，會見東方的君長。頒佈曆法的細目——季節、月份、甲子，劃一樂律、度、量、衡，修正吉、凶、軍、賓、嘉五禮（吉是祭禮，凶是喪葬禮，軍是軍禮，賓是待外賓禮，嘉是婚禮），規定人事交接的儀節和禮物。五月間到南嶽，八月間到西嶽，十一月間到北嶽。任務相同。回來以後，在祖廟裡殺牛祭祖。據說他每五年一出巡，諸侯則每四年一來朝。諸侯報告政事，天子發佈命令，諸侯有功者賞車子和衣服。

舜又制定刑法：法有常刑，有墨、劓、剕、宮、大辟五種肉刑。有驅逐出境的流放，有罰銅贖罪，官吏有鞭笞，教育有檟楚（即一種木鞭）。偶然的錯誤，可以寬恕，始終為害，法所必誅。刑法的施行，是很謹慎不敢隨便的。政事大致就緒，這時候有四個強族搗亂，舜不客氣的把他們為首的人加以懲治。共工是堯就知道的一個壞人，新共主掌政，共工越發放肆，舜把他趕到北邊的幽州，和北方的狄人共處，他儘可以在那裡發揮能力征服北狄。驩兜是共工的一黨，同惡相濟，就把他趕到南方的崇山和南蠻在一塊，他也可以在那裡發展。歷來叛服無常的三苗，趁政權轉移的時候，又不穩起來，舜把最強橫的殺了，稍次的趕到西方的三危。又把治水九年無功而擾民的鯀「殛」於東方的羽山（殛字或釋殺，或釋放逐，似乎後者更合理些）。舜對政治有辦法，對強橫的部族有控制的力量。天下懷德畏威，無不悅服。舜攝政二十八年，堯死了，人們想念他的好處，百官羣臣如喪父母，悲慟三年。民眾也無心作樂歌唱。堯的兒子丹朱不賢，堯公而忘私，仍然叫他退居諸侯。三年喪畢，是試驗民心的時候了。舜退休，避到南河之南，靜待公意的決定。諸侯不到丹朱那裡，而遠遠的到舜這裡來朝覲。民間的紛爭和訴訟也不到丹朱那裡，而到他這裡求判決。天下都謳歌舜，想不到丹朱。這樣的上下一致擁戴，確是天意，而非人力，舜遂回到中國正式做天子。

第二章　舜的故事

第一節　舜的大孝

舜雖是虞族的貴族，但地位比較低微。父母又不喜歡他，生活無異於平民。他具有一種基本美德，他以大孝為當時和後世所稱道。孝是子女對父母一種真摯純潔的感情的表現。一個人生下來和別人發生關係，最初當然是父母。依次擴大，由家而國、而世界。感情自然亦由濃而淡，但總可以維持應有的關係而不致破裂，大家可以和樂相處。這種人類互愛的真情，絕非由計算利害而來。此種心情，在純潔的幼童時代，對父母發揮，表現得最清楚。它是擴展愛力的核心。很明顯的，對自己最親切的人無情，誰能保證他對別人不殘害。舜是維持這種真純感情直到老年的人。

虞舜姓姚，名重華。眼睛有兩個瞳人，像貌也不平凡。父親叫瞽叟，是顓頊的後裔。瞽叟是個瞎子，舜母早死，瞽叟的後妻生了個兒子叫象，很兇暴。瞽叟愛後妻和象，想把家業傳給象，三個人常想殺舜。舜小事認罪，大事有生命危險的就逃避。事父母、待兄弟極誠摯，他們頗受感動。舜的遺蹟傳說不一：孟子說他是「東夷之人」，《史記》說他是「冀州之人」。冀州是現在的山西南部，後來他做共主的時代確在那裡。早期虞部族或許遷徙過，相傳他「耕於歷山」。歷山一說在現在的山東濮縣東南七十里，一說在山西永濟縣東南六十里。「漁於雷澤」，一說在濮縣，一說在永濟縣，都和歷山相近。「陶於河濱」，也兩處都有。他又在壽丘作器具，在員夏作小生意。據說他在歷山耕種，歷山的人受了感化，都互讓田界。在雷澤捕魚，雷澤的人都互讓地方。在河濱作陶器，河濱的陶器都美好精緻。他到的地方，一年成村落，兩年成鄉鎮，三年成城市，人越聚越多。三十歲，四岳薦於帝堯。帝堯把兩個女兒嫁給他，叫九個兒子侍奉他，給他牛羊、倉廩，為他置百官，算一個小諸侯，看他的才德政績如何。他治理得很有條理，他的妻子不敢以帝女自傲，九個帝子對他都很恭敬。象看他發達起來，有妻有財，妒心大起。又蠱惑父母，想奪他的財產。舜內心痛苦已極，他雖盡力孝順，父母總不歡喜。可是縱使他自己的行為都合理，他也絕不忍說：「我一切都竭盡所能了，歡喜不歡喜隨他們的便罷！」因為父母和其他人不同，在舜的心上，一切的富貴榮譽都不夠安慰他，他惟一的希求只是父母歡喜；就在這一點上，後人稱他為大孝。因為他覺得失掉了父母的歡心，自己的生命就毫無意義。這一線連綿不斷的愛力能維持生命於不息，此其所以為偉大。

有一天，瞽叟叫舜到穀倉上面塗泥繕草，修理倉頂，等他上去以後，卻把梯子搬走，放火燒倉，這當然是預定的計劃。瞽叟可以本著以往的怪脾氣，非叫舜親自工作不可，舜自然絕不肯叫人代替。房子著火，可以推諉是偶然的不幸，就是帝堯也無法干涉。幸虧舜有一個大斗笠，握著它像現在乘降落傘一樣的跳了下來，才沒有跌傷。過了幾天，瞽叟又叫舜淘井，舜下去以後，瞽叟和象便拿土石填井，把舜埋在裡面，這自然可以對人說是井壁的塌陷。瞽叟和象沒看見舜出來，以為這一定成功了，象就誇功說：「這都是我的計劃巧妙，舜的財產、牛羊、倉廩歸大家享用，他用的兵器、干戈、弓矢、琴，當然是我的。兩位嫂嫂都可以轉嫁給我」。他正高高興興的到舜的住房來，猛然闖進去，卻看見舜坐在床上彈琴。原來井壁傍邊有個洞通到外邊，舜從那裡逃出來。象見面一楞，又驚又羞，扭捏了半天，只好說：「我心裡悶得很，想來看看你」。舜在平常，原很想和象接近，這次他居然來了，舜很高興的說：「好得很，我的事情很瑣碎，你來幫忙，好不好？」以後舜事父母、待兄弟，仍和從前一樣。

第二節　舜的政教

舜到政府以後，試五典，掌民事，試百官，理庶政。尤著眼在用人，提拔在下位的人材，淘汰腐化的貴族。顓頊高陽氏的後裔有八個名族，族長是倉舒、隤敳、檮戭、大臨、龐降、庭堅、仲容、叔達八個人，大家叫他們「八愷」。帝嚳高辛氏的後裔有八個名族，族長是伯奮、仲堪、叔獻、季仲、伯虎、仲熊、叔豹、季貍八個人，大家叫他們「八元」。他們賢明能幹，不愧名人子孫。舜於是舉八愷，「使主后土」，管理土地山川和農耕。他們百廢俱舉，很有成績。又舉八元，「使布五教於四方」，教育民眾。帝鴻氏的後裔有一個惡族，專好陰謀詭計，人們稱他渾沌，糊塗而凶惡。少昊氏的後代有一個惡族，毀信，惡忠，專說壞話，大家叫他窮奇——一種專吃好人的怪獸。顓頊氏的後代有一個惡族，不可教化，不懂好話，人叫他檮杌——一種傲狠難馴的野獸。這三族大為人患，堯沒把他們趕掉。另外縉雲氏的後代有一個惡族，貪財，喜飲食，大家也討厭他，叫他饕餮。合稱四凶族。舜處理諸侯事務的時候，把他們趕到邊荒。

舜歷試諸政，攝天子位。堯死後三年，正式做天子，都蒲坂（現在的山西永濟縣），政治上已經有了基礎。朝廷上新進的人材濟濟，有禹、皐陶、契、后稷、伯夷、夔、龍、倕、益、彭祖等。

舜即位的元年正月，在祖廟裡召集四岳，大會羣臣，商議政事，詳細問他們四方的情形，叫他們下情務必上達。任命各地的州牧。論到蠻夷，舜說：「這要看我們能不能繼承帝堯的功烈，行厚德，任賢，遠奸。我們辦到的話，蠻夷自然不至於叛亂。任賢當然最重要，你們看有沒有能發揮光大帝堯的人，我們用他做執政」。大家一致的說：「伯禹可以做司空，他一定能治好水，完成帝堯未了的心願」。舜就對禹說：「不錯，你可以做司空，治水分地，要好好的作」。禹拜謝，讓稷、契和皐陶。舜說：「好，你作去好啦！」舜又對后稷說：「棄（后稷的名字），洪水之後，黎民忘了耕種，饑餓不堪，你做稷官，教他們種五穀」。對契說：「現在羣臣百姓不親睦，父母、兄弟、子孫不順倫理，你做司徒，要教他們父子有親，君臣有義，夫婦有別，長幼有序，朋友有信。不過這種事情，要施教以漸，不能急迫」。不除水害，不能耕種。人民飽食暖衣，不受教育，和禽獸無別。又對皐陶說：「蠻夷侵犯中國，盜賊作亂，教化的力量達不到。你做士，待他們以刑罰，五種刑罰要施行得當。大罪用甲兵，行刑在原野。其次用斧鉞，也以軍法從事。再次用刀鋸，行刑在市朝。其次臏刑、黥刑。最輕的是鞭扑。除了五種肉刑以外，流刑也有五等，按地方遠近只有三等，最重的投諸四裔，其次在九州之外，其次在中國之外（中國是共主所居的城邑）。刑罰要公正分明，才使人信服」。舜又問大家說：「誰能管理百工技藝？」大家回答說：「倕可以」。於是命倕為共工。倕讓殳斨和伯與，舜說：「好，叫他們幫助你」。又問：「誰能管理牧畜的事業？」大家說：「益可以」。舜對益說：「你做朕虞」。益讓朱虎、熊羆，舜叫他們幫助益。又問四岳說：「誰能執掌天神、地祇、人鬼的三種禮法呢？」四岳說：「伯夷」。舜說：「好，你做秩宗。這個職位要時刻虔敬、靜肅、清潔」。伯夷拜謝，讓夔和龍。舜說：「好，你好好的作好啦」。又命夔說：「你司樂，教育我們的小孩子（古時音樂歌詠最重要，貴族子弟由樂官教），要正直而溫和，寬大而恭敬，剛毅而不殘虐，簡重而不驕傲。詩表達意志，把它慢唱就是歌。調子的曲折是看怎樣把聲拉長，音律的高下又看調子如何。這樣作起樂來，八音協和，神人感通」。夔說：「是的，我奏樂，敲起磬來，百獸都能應節而舞」。舜又說：「龍，姦人邪說很易擾亂大家，你做納言，發佈我的命令，傳達外面的消息，要誠實無欺」。舜又告誡十二州牧和禹等十人說：「你們二十二人佐天治事，切勿鬆懈」。於是三年一考察他們的成績，九年三考，有功者賞，有罪者罰。二十二人各有治績，都能推行善政，遠近悅服。歷來搗亂的苗族，也不再來侵犯，舜安享太平。有一天，舜彈五絃琴唱〈南風歌〉：「南風之薰兮，可以解吾民之慍兮。南風之時兮，可以阜吾民之財兮」。只惦念年歲的好壞、農家的收穫。

大臣之中，禹的地位最重要，功勞也最大。夔作「九招（即韶字）之樂」，宣揚帝舜的功德。孔子稱讚韶樂「盡善盡美」，又稱讚舜說：「君哉舜也！巍巍乎，有天下而不與焉」。說他不勞而治。舜最大的長處是能用人，與人共為善，能捨己從人，取人之長，他未嘗覺得自己了不起。他做天子之後，往朝瞽叟，仍然和平常一樣的小心謹慎。封象為諸侯。他二十歲孝名遠播，三十歲入政府，五十歲攝天子位，六十一歲正式做天子。又過了三十九年，他一百歲，巡行南方，死在「蒼梧之野」。他兒子商均不賢，舜預薦禹攝政十七年。他死後，三年喪完了，禹和舜一樣退休到陽城聽取民意。諸侯往朝，民眾稱頌，沒人去理商均。於是禹正式回來做天子，夏朝開始，丹朱和商均都退做諸侯，仍保有自己的土地和宗廟，用自己的禮樂衣服，保持本族的風俗習慣。因為他們的祖先做過共主，唐、虞兩國朝會時，夏朝都以客禮相待，還留著禪讓的遺跡。共主公選制度，在堯、舜時代走入末期，傳子局勢已成。堯、舜不肯自私，仍然傳賢，故為後人所稱道。

第三章　禹的故事

繼唐、虞兩族而起的，是比較靠南方的夏族，他的發源地和黃帝故墟相近而偏西，大概在現在的嵩山附近，跨有姜姓的故地。嵩山從前叫崇山，鯀是崇國的諸侯，因崇山得名。禹都陽城，陽城在現在的河南登封縣東南三十五里。夏族據記載是顓頊的後裔，在地理上繼承神農氏的農耕，在時代上繼承虞族的農耕。他們或許正式大批應用青銅器，這或許是禹能治洪水的一個因素。三苗之患，到禹時完全消除，把他們趕到西南方，大批銅兵器也不無力量，禹的大名，威震西方。後來西方關於他有許多神話，羌族也崇拜他，現在的川、康一帶還有許多古蹟說他是羌人，生於川西。鯀、禹父子同是治洪水的英雄，鯀是失敗者，受了「妄擔重任」的責罰，禹卻成功了。

第一節　大洪水

關於洪水的傳說很複雜，但和巴比倫、猶太、印度及雲南倮族的洪水傳說不同。他們大概都說洪水淹沒了世界，只剩下一家或幾個人，世界人類從他們再繁衍起來。中國的傳說沒有那麼神奇，也不遠在荒古，只不過是常鬧水災，人民不得安居。歷代都有治水者，我們的祖先都住在黃河流域，這叫我們很容易想到黃河的水患。黃河水災自有正式記載以來，大約平均每年一次，有記載以後的幾千年如此，沒有記載以前的幾千年很難說不是如此。商朝中葉為避河患，國都老搬家。據史書的記載，夏禹到這個時代不足千年，縱使這數字靠不住，總不會差到三千年五千年；就是差到五千年，黃河的水患還可能發生。帶神話性的傳說：「燧人氏時天下多水」，女媧氏治過洪水，顓頊氏時鬧過洪水。有的說共工為水害，有的說共工治水（共工並非一個人的專名，是一種人的名稱，後來變成官名）。由這些說法，可知水患次數很多。堯、舜時的洪水，是特別大的一次。一條河流發生洪水的週期是和洪水的大小成反比，洪水越大，它發生兩次中間的時期越長。禹治的洪水，或許是幾千年僅見的一次大洪水；或許是當時人活動的地域小，所住的地域都被水淹沒，就認為水特別大。兩個原因恐怕都有。也或許這次大水，不純由於黃河本身，假使晉南汾、澮、涑諸水，豫西伊、洛、瀍、澗諸水同時暴漲漫溢，很可以把唐、虞、夏諸族的居地弄成一片汪洋。古河流的下游在江、淮、冀、魯平原，河道不確定。平時本來就東一斷港，西一絕河，低地盡是湖泊。上游水漲，下游潰決泛濫，極容易把河、濟、漯和淮、泗、潁諸水系連成一片，就「洪水滔天」了。

第二節　大禹治水

夏禹姓姒，名文命。夏族起於現在的河南登封、禹、密諸縣，向南延伸到湖北北部，向北到山西西南部，和唐、虞兩族接觸。禹的父親叫鯀，母親是有莘氏，女名女志。帝堯求能治水者，四岳薦鯀，鯀用防堵的方法，這種方法可以防護一小塊地域。四岳大概是看到鯀在自己的國內用這種方法有效，就薦了他。但水勢大了這種方法是不成的，東堵西堵鬧了九年。舜攝政看這樣子不行，治他的罪，把他趕到東方的羽山，叫禹代管他的餘族，繼續治水。舜做天子，命禹為司空，正式任平水土之職。洪水泛濫，民無定居。低窪的地方，上樹巢居，高處躲在山洞裡，已開闢的地方又荒起來。草木暢茂，禽獸繁殖，龍蛇蟠據。禹奉命和益、后稷一同出發，指揮諸侯和羣眾，率領一批工人到處劃分工作區，登山相形勢，立木標，記高下曲折，掘成河流。並吩咐他們：高地高山為主，低處大河為主，不要亂掘，溝渠要井井有條，小溝流到中渠，中渠流到大河。不要亂築隄防，順山形高低之天然地勢，可防者防之。草木砍伐費力，益司火，就一把火燒光，把禽獸趕走，然後施工開闢農田。稷教民耕種，低地種稻，高處另種他物，又叫有餘糧的，拿一部分給不夠的。

禹一方面悲傷自己父親的命運，決定完成他的遺志；一方面看到民眾的困苦，不忍安居。據說他有一次看到罪人，大哭起來說：「天下太平，人民絕不會犯罪。我聽說過，一個男子不耕田，就有吃不著飯的人；一個女子不織布，就有穿不到衣服的人。個人的工作不可怠惰。我現在受命治水，好使百姓安居樂業。現在百姓不能這樣，而犯了罪，這是我的不好，是我的責任」。他自己竭力刻苦，勞身焦思，在外面十三年，有三次走過自己的家門口，他始終不進去看一看。衣食都是最壞的，住處是最簡單的，一意在挑河掘溝上用功夫。有時候親自拿著鋤頭、斧子，率領民工動手。他極愛惜時間，不肯犧牲一刻。指甲磨禿了，小腿的毫毛都磨光了，手腳都長了厚皮，面色黧黑，終於操勞過度，變成跛子。他用的交通工具，陸地乘車，水行乘船，泥行乘橇，山行乘樺，各處都可以走到。常攜帶準繩、規矩等以便測量。他碰到過許多危險，有一次，一條黃龍把他的船負起來，船上的人都嚇得面色青黃，禹一點不怕，說：「我竭盡自己的能力為大家工作，我未嘗看重自己的生命，死和回家一樣」。顏色不變，黃龍帖耳掉尾跑了，並沒有傷害他們。他還同別的水怪戰鬥過。他到過許多怪地方，據說他和益每到一處，都把當地的風俗物產記錄下來，有的甚至說他叫部下量過世界東西南北的長和寬。

於是他導黃河，疏濬下游的九河。把濟水、漯水都通到海，挖掘汝水、漢水、淮水和泗水，通到長江。治導瀍水、澗水，通到洛水。據說他鑿通現在陝西韓城縣的龍門山，使黃河流過，從前是從上面泛濫過去的。開兩條河把砥柱山繞過，開闢伊水上的伊闕，把各處的積水，排除的排除，不能排除的圍成湖泊。在現在陝西開西河、渭瀆、泄渠、孫皇的積水。在現在的山西北部堵截原派水，使它流到后之邸湖，通到嘑沱河，這樣西北的人民得以安居。在現在河北、山東排泄大陸澤水，防堵孟諸澤水，使它們的出路通到九河，把東方的諸水約束著，這樣東北的人民得以安居。南方形成五湖，可以容納亂流的水，南方的問題也隨之解決。最後劃定九塊廣大的陸地——九州，修理上面的道路，圈起上面的湖泊，測定山的高低，計劃耕作。此外並按照土地的肥瘠和物產，決定人民應納的賦稅和貢物。他到的地方，據〈禹貢〉上講，從冀州（現在山西南部）開始巡行，到現在的河北東部，轉向現在的山東省，那裡的工作最繁難。又轉到江淮流域，又上溯江西和兩湖，再北上到河南，西去陝西，到甘肅的東部。當時是冀州、兗州、青州、徐州、揚州、荊州、豫州、梁州、雍州九大州。每州都記錄名山、大川、大湖泊、大沼澤、植物的種類、土色和肥瘠，制定田賦的次第、進貢的土產，指定貢道，有時候還記載當地的居民。幾條大水和幾條大山脈都挨次查看過，真是禹跡廣被。這當然有傳說和後人的想像。

究竟禹治水的規模和他的工程實際到什麼程度，現在無從斷定。古書上說他導江、導河，差不多兩大流域所有的河流都經他治過。又說他鑿龍門，闢伊闕，折砥柱，破碣石，工程未免太大，我們不能想像把一座山用簡陋的石刀、石斧和銅刀、銅斧把它鑿開。但是他導江、導河，怎麼樣才算作「導」？「鑿」這個，「闢」那個，又怎樣才算作「闢」或「鑿」？導治不一定是整個的疏濬，開鑿不一定開山。他可以乘船循行，能挖掘的泥沙，挖掘一下，暫時堵塞的疏通一下，水自有出路，何必鑽山。洪水期一過，積留的餘水，淺處慢慢消滅乾涸，深處變成新湖泊。河流沖出新河道，慢慢水落歸槽，這當然需要長久的時間。所以鯀治了九年，禹治了八年。禹的工作可能是到處指導受害的人們把近河流的積水引到河裡，距河遠的引到湖泊。新的湖泊，稍加隄防，最後形成九個較大的陸地，就是九州。他父親鯀以隄防堵水，未嘗不對，只是這祇能用來防止浸淫，不能擋水的去路。禹的成功或許是斟酌得宜，對於湖泊用隄防，對於流動的河道加以疏通。他到的地方不能像〈禹貢〉上說的那樣多，不過他一定比當時一般人所經歷的為多。我們不能把他說成神，同時也不能抹煞他的偉大。物質條件限制他的工作；也正因為物質條件的艱苦，才顯出他的偉大。禹到的地方既多，對於各地方的山川、物產容或有所記載。即沒寫下來，也可能口傳下來。據說他鑄過九個銅鼎，圖畫九州的形勢和物產。後來寫地方誌的，尤其是國家定貢賦、記出產的官書，都溯始於禹，拿他的名字名書。《尚書》中的〈禹貢〉就是這樣的一篇著作。還有一部《山海經》，相傳是禹治水的同伴伯益作的。這是一部古神話，作者不能確定；也因禹、益到的地方多，多見奇事，後人就說是他作的了。

水退土闢，人民安居。疆域擴充，財物充裕。各地的田畝分上、中、下三等納稅，指定各部族的各地不得紛爭。以共主所居為中心，五百里以內叫「甸服」，賦稅納糧米。又五百里為「侯服」，由各處諸侯自己統治。再往外五百里是「要服」，政府任其自治，不加干涉。再五百里是「荒服」，是野蠻人的居地。這當然是一個理想的分劃，實際不會這樣整齊，不過表示自近及遠治理的方法罷了。於是天下平定，帝舜賜禹一個黑色的玉（玄圭），表彰他的大功。禹收九州長官獻的銅，鑄成九個鼎，象九州，用它來祭祀上帝鬼神。

第三節　舜禪禹和禹傳子

有一天，皋陶、伯夷和禹朝見帝舜，論起政事來。皋陶講了一篇個人應具的品德和修己治人的要術，又論到國家的典章制度，禹聽了很高興。他們又談到苗族的不安定，大家都主張修明內政，惠安人民，苗族作亂也不足畏。帝舜叫禹發表他的政見，禹說：「人要勤謹。我治水的時候，用四種交通工具，跋山開路，和益叫人民漁獵肉食。疏濬九州的河流，通到海，開了無數的溝渠，通到大河，和稷教人民播種吃五穀。又教他們來往販賣，以有餘補不足。民眾都有飯吃，萬國才安定下來」。皐陶說：「你的話不錯」。帝舜說：「我全仗你們輔助。應當作的事情，大家一齊努力作。我有錯誤，你們要當面講，不必私下議論。對下級官吏，也要督促他們盡職」。禹說：「是的，這也要看你的作法。你聽忠言，任善人，功業沒有不成的」。帝舜說：「不要像丹朱似的，放蕩怠惰。他坐慣船，現在水小了，他還要叫人推船游行，在家胡鬧，失掉了國土。像這樣，我是不能饒恕的」。禹說：「是的，我娶塗山氏女，結婚四天，又去治水。後來啟生下來，我從自己的門口經過，聽到啟呱呱的哭，我也沒進去看，所以終能成功。劃定『五服』，開闢五千里。每州立十二個官，直到海邊都建有諸侯。現在就是苗族搗亂不服從，這是要注意的」。舜說：「天下太平，多半是你的功勞，皐陶對苗族也會善用刑罰的」。於是舜叫百官眾民都效法禹，聽他的指揮。舜已決定傳位，舜又命禹征伐不能感化的苗族。禹召集諸侯誓師出征，他說：「大家要知道，這一次出征，並不是我們好戰。『有苗』的愚陋和強暴，逼迫我們不得不用兵。上天不會保佑他們，我們出去一定會勝利的」。經過長期的戰爭，終於把他們平定下來。不過他們仍是口服心不服，帝舜修文德，懷柔感化，他們一有不穩，舜在朝廷上作樂，叫人舞干羽演武事，向他們示意，假使再叛變，一定用武。於是黃帝以來的苗患，才告一段落。

天下無事，夔作樂慶祝，在祖廟裡大會諸侯羣臣，奏起韶樂，鳥獸都隨著樂聲起舞，大家都很高興。帝舜親自唱道：「勑天之命，惟時維幾」。意思說：我們要小心謹慎，順承著天命，事情是微妙的很。又接著唱道：「股肱喜哉，元首起哉，百工熙哉」。皋陶拜謝，接著唱道：「念哉，率作興事，慎乃憲欽哉。屢省乃欽哉」。唱完又唱一個道：「元首明哉，股肱良哉，庶事康哉」。接著道：「元首叢脞哉，股肱惰哉，萬事墮哉」。皋陶的歌意先勸百官謹慎作事，又說全看元首的勤惰；他要好，下邊都會好，他要不成，下邊都會頹廢；天下雖無事，可不能懈怠。禹品德功績都有繼承共主的資格，舜老了，就薦禹於天，叫他攝政。傳政時也大會羣臣，舜作客，禹作主人。樂官向前祝讚說：「從前堯禪讓時，唐做虞的客人。現在又將禪禹，聲名功業，垂于萬世」。樂奏起，百官合唱〈卿雲歌〉，帝舜唱道：「卿雲爛兮，糺縵縵兮。日月光華，旦復旦兮」。八個大諸侯向前行過禮，合唱道：「明明上天，爛然星陳。日月光華，弘予一人」。帝舜又唱道：「日月有常，星辰有行。四時從經，萬姓允誠。於予論樂，配天之靈。遷于賢聖，莫不咸聽。鼚乎鼓之，軒乎舞之，菁華已竭，褰裳去之」。於是人們都歡忻鼓舞，知道天下又可太平的接連下去。

禹攝政以後，天下都聽禹的命令，用他的法律、度數、聲歌、樂律，由他祭祀山川鬼神。十七年以後，舜死了。又三年，禹得到百姓和諸侯的擁護，正式作天子，都安邑（現在的山西夏縣北）。一說都陽城（在河南登封縣東南三十五里）。大概禹以後，夏都在陽城。帝禹用皋陶作大臣，掌政事，有禪位給他的意思。不幸皐陶先死，子孫封在英、六兩國（在現在安徽省中部），禹又舉益授以政事。禹政似乎仍一本他素樸的作風。他看見耕田的農夫必致敬，過村落必下車步行。有一個叫儀狄的人會造酒，禹喝了覺得滋味很好，想了一想說：「這不對，這很易誤事誤人」。從此絕對戒酒，也不再見儀狄。政事極為平民化，為後來的墨子所稱道。仍然行三年考察羣臣的制度，五年規模粗具，大會諸侯於會稽，執玉帛來的有萬多國。防風氏來的太晚了，就斬以示眾。於是天下盡屬於禹。禹似乎太注重功績和賞罰，他的功過於德。他做了十年共主，到東方巡行，死在路上，葬在會稽山。據說葬禮簡單：「衣衾三領，桐棺三寸」。埋的很淺：「下毋及泉，上毋通臭」。他死後，益攝政三年，退休到箕山之北，靜待人民的公決。這次和舜、禹的情形不同：禹在位日淺，益輔政日少，沒有來得及讓益攝政，樹立威德，天下不信服他；禹的功績猶新，人民一時忘不掉。他兒子啟也和丹朱、商均不同，有德有才，諸侯都到啟那裡朝觀，不來見益，說：「啟是我君之子」。百姓也稱頌謳歌啟，不謳歌益，說：「啟是我君之子」。於是啟繼承了共主。有一個諸侯叫有扈氏的不服，大戰一場，啟滅了他，天下都服從啟。啟能幹是能幹，賢德遠不如堯、舜、禹。據說益的結果不很好，有的說啟把他殺了。啟才真正開了帝位傳子、一姓做共主之局。

第四章　湯的故事

第一節　夏衰商興

夏朝傳了十七個君主（一說卅二世），四百七十一年（一說四百三十二年）。中間一度衰弱，旋即復興，勢力逐漸向東發展。末幾代的君主，勢力又衰弱下去，諸侯離叛。最後到帝履癸，一名帝桀，不能振作，反暴虐不仁。據說桀力氣很大，又喜歡勇士，有推哆、大戲一班人，能手裂虎豹。桀伐有施氏，有施氏獻給他一個女子叫妹喜，桀很愛她，言無不從。桀聽了她的話，攫取百姓的財產，大興土木，作「瓊臺、瑤室」。堆肉作山，掛脯作林，注酒作池。酒池裡面能行船。他叫人一敲鼓，三千人同時向池子裡俯首牛飲，醉了就淹死池裡。又放虎到街上看市民躲避，以為笑樂。桀和妺喜都喜歡這些玩意。他們倆也晝夜的喝酒，男女雜處，三個月不出來。大臣關龍逢屢次諫諍，被殺。族內老臣又諫他，桀也把他們殺掉。於是人民怨恨，羣臣離心。又加上天災，五穀不收。眼看著朝不保夕，只待外力一動，就土崩瓦解。

這時候商（後來又叫殷）部族在東方興起，這一族早先在現今的山東西部和河南東北部，容或有一部分伸展到西方。他的祖先，據說是帝嚳的兒子契。契佐禹治水，舜命為司徒，賜姓子，封於商。後來他的子孫屢有遷徙，搬到某處，某處也叫商。契到成湯，十四代八遷。湯名履，居在亳（又叫薄，音同字異）。亳和商一樣，也因為遷徙，有好幾個。湯居的亳（大概在河南商丘縣境，北邊到山東曹縣），當時地域很小。孟子說他只有七十里，墨子說他截長補短，不過方百里。可是他一反桀政，行仁義，敬鬼神，早起晚睡，輕稅薄賦，惠民眾，救貧窮，養孤寡。諸侯都願意和他聯合，民眾都擁護他，有才能的人都到他這裡來。湯有一個賢臣叫伊尹，伊尹名阿衡（一說名摯，阿衡是官名），在有莘之野隱居，自樂堯、舜之道，耿介自守，不無故的受人一草一木，也不無故的給人一草一木。湯聽到他的賢名，派人以禮聘請，他不在乎的說：「我到你那裡幹什麼呢？我不如在這裡耕田、樂道」。湯三次聘他，他見湯確有誠意，就想：我在這裡獨善其身，不如叫我的辦法實現於天下。人類有先知先覺，有後知後覺，天叫我是先覺者，我要拿這個道理喚醒民眾。我不喚醒他們，還有誰來？現在民眾痛苦日深，難道不是我的責任嗎？我不出來救他們，何異於我害了他們呢？於是伊尹決定應聘。伊尹見到湯，給他講做君主的道理，湯問他：「人視水見形，視民知治否？」伊尹說：「好，能聽善言，治道就進步。為國之君，為人民父母，善人是要用的」。湯很以為然，便用他掌國政。

夏桀越鬧越壞，國人都想叛變。湯覺得夏朝已維持不下去，就叫伊尹到桀那裡去看一看，假使桀還有改過的可能，就幫他的忙。伊尹到桀那裡，桀正大會羣臣，日夜喝酒。有一天，羣臣有的醉了，有的沒醉，手牽手唱道：「江水沛兮，舟楫敗兮，我王廢兮。盍歸乎，盍歸乎，薄亦大矣」。又唱道：「樂兮，樂兮，四牡驕兮，六轡沃兮。覺兮，較兮，吾大命格兮。去不善而從善，何不樂兮」。伊尹聽這個口氣不對，勸夏桀說：「現在情形很不好，一旦爆發，恐怕不免滅亡」。桀聽了鼓掌啞然大笑說：「好了，好了，你又瞎說啦。天空不能沒有太陽，我不能沒有人民。太陽會沒有嗎？假使太陽會沒有，我也會滅亡啦」。伊尹覺得實在沒辦法，回到亳告訴湯說：「桀惑於妹喜，不恤人民，上下交怨。人民咒罵他：『上天不要管他，夏國趕快完事』」。湯又叫他到桀那裡去。大概他來往許多次，孟子說他「五就湯，五就桀」。湯聽說桀大殺諫臣，派人弔唁死者。桀早已嫉恨湯的名聲，就大怒起來，叫湯到夏國，把他囚在夏臺，過了很久，才放出來。

湯決計伐夏，更加修德愛民。一天，湯在郊外看見一個捕鳥的，四面張網，又聽他祝告說：「天上掉下來的，地面跳出來的，四面跑過來的，都碰到網裡」。湯說：「唉，什麼人幹的，把牠們都捉淨麼？」叫他撤掉三面，只剩一面，又教他祝告說：「蜘蛛作網，人類學牠。想高就高，想下就下。不左不右，入網者由牠」。南方幾個國家聽到這件事，說：「湯的德行已經施及禽獸了」。於是四十個國家都來朝見；他這一面網，一下就捉到四十國，夏桀還在夢裡。他召集諸侯會於有仍，有緡氏公開反對他，他把有緡滅掉。最後伊尹自夏歸商說：「妹喜告訴我，桀作了一個夢，夢見西邊一個太陽，與東邊一個太陽相鬥，結果西方的太陽戰勝」。商是在東方的，伊尹和湯計劃自東方出兵，繞到夏的西方向東攻擊。湯要動兵，伊尹說：「別忙，我們先試一下」。就不進貢給桀。桀大怒，下令叫東方九夷出兵。九夷在商東面，離商不遠，伊尹說：「時機還沒到，他還能指揮九夷」。湯又入貢謝罪。桀還不覺悟，越發昏亂。掌管典籍圖法的太史令終古抱圖法哭奔商國。這很重要，國家的律令、檔案，政事的典制和地圖、戶口等都在裡面。湯大喜，告訴諸侯說：「夏王無道，暴虐百姓，窮其父兄，恥其功臣，輕其賢民。棄義聽讒，眾庶咸怨。守法之臣，自歸於商」。第二年他又不進貢給桀，這一次九夷不聽桀指揮了，湯正式起兵。

第二節　湯伐桀滅夏

孟子說湯伐葛國開始，凡征十一國而天下大服，向東征，西夷怨；向南征，北狄怨，說：「為什麼不先到我們這裡來？」民眾盼他像大旱望雨。每到一處，商賈照常買賣，農人照常耕種。殺暴君，恤難民，真像久旱大雨，民眾悅服。葛國是商的西鄰（在現在河南零陵縣北十五里），葛伯（葛國的君主）放蕩無道，不祭祖先，湯派人問他：「你怎麼不祭祖先？」葛伯說：「我沒有牛羊」。湯送大批牛羊給他。葛伯把牠殺吃了，仍不祭祀，湯又叫人問他，他說：「我沒有五穀糧食」。湯覺得有點奇怪，就叫自己的人民去幫他耕種，叫老人和兒童送飯給工作的農人。葛伯索性領一批暴徒截路，看到酒菜就搶奪，不給就殺，有一個兒童就是這樣被殺了。湯看到這簡直無理可講，起兵伐葛。湯宣告說：「你太不像樣子了，我決定懲罰你，絕不饒恕」。滅葛以後，北方的諸侯昆吾氏最壞，正在作亂，湯率諸侯和伊尹北伐昆吾。昆吾是夏朝東方的大諸侯（在現在的河北濮陽縣東），湯先滅掉他東邊的顧國，和南面的豕韋，剪掉羽翼，遂滅昆吾。

於是大會諸侯，誓師伐桀，向軍隊說：「我願意對大家說幾句話，我們在這裡聚會，並非我率領大家造反。夏朝亂到這樣子，上天命令我們治他的罪。有些不明白的人會說：『我們國君不顧恤我們，不讓我們好好的耕稼，卻出兵打仗』。我雖常聽大家講：『夏桀有罪，我們怕上帝怪我們，不得不去找他』。恐怕還有人要問：『夏罪到底怎樣？』我可以正確的向大家宣佈夏王，他竭盡民力，他危害國家，他的民眾一致怠工不和他合作，詛咒他：『怎麼不立刻滅亡，我們願意和你同歸於盡』。夏朝已經到這種情形，我一定要去伐他。大家要通力合作，代天行罰。成功以後，人人都有應得的賞賜。我向來說一句是一句，我相信大家也一定相信我。假使有人違反了誓言，我輕則罰他作奴隸，重就殺。我是絕不客氣的」。湯自稱武王，表示軍力的充實。據說商有敢死隊六千人，所向無敵。這時候似乎桀自己已經領兵到東方，逼近亳都，反在湯兵的東南。於是大戰於郕，捉到桀的勇士推哆和大戲，又敗桀於有娀之墟（兩地都在現在的山東西南部）。桀逃回鳴條（在現在的山西安邑縣北）。湯接著伐三朡國（在現在的山東曹縣西南），他大概是接應桀到東方的，得著桀的寶玉，又繼續西征，從陑（現在的山西永濟縣雷首山）繞到鳴條西邊，桀不戰而潰。湯起初想把桀驅逐到中野，中野人民不願意。桀又到不齊，到魯，都不受百姓的歡迎，請他搬家。最後他和屬下五百人跑到南巢（現在的安徽巢縣），桀後悔說：「當初沒把湯殺在夏臺，叫他這樣子」。他始終不反省自己的錯誤。

第三節　湯的政教

天下平定以後，湯別封夏後，回到亳，大會諸侯。湯仍自居諸侯之列，說：「天子之位，惟有道者可以處之，可以治之」。三讓諸侯，大家一致推他，湯推辭不掉，只得即天子位。那時候是三月，在亳的東郊。即位以後，告誡諸侯說：「你們做了諸侯，要小心謹慎的盡職，不要對民眾一點事業不作，否則我就要懲治他，可不要怪我無情。從前禹、臯陶一生奔波勞苦，他們確為民眾作了事，民眾得以安居樂業。他們東治長江，北通濟水，西修黃河，南疏淮流，四條大水修治以後，老百姓才可以在平地居住。后稷又叫民種植五穀。三位先賢都有功於人，人們永遠紀念他們，他們的子孫一直可以保持諸侯的地位。從前蚩尤和他的部下不守本職，稱兵作亂，天子就毀掉他的國家。這些事情都有確實記載。先王的話不可不聽，他們說：『不懂道理的人，不要讓他有國家』。我要努力遵守這個原則，大家不要怪我」。於是湯一反夏政，用賢，除邪，民眾悅服。商人的習慣，以夏曆十二月為正月，衣服以白為上，就通令大家遵守，用伊尹、仲虺作相。伊尹制定四方諸侯應當進貢的物品，以當地出產很多、不足珍貴的為準。

湯在即位初年，不幸就遇著一個危機，大旱七年，河都乾了，「煎沙爛石」，叫太史占卜怎麼樣才能降雨，太史占卜說：「要用人作犧牲，殺人祭天，求雨」。湯說：「求雨本來為民，現在反倒要殺他們，這那裡可以！我自己作犧牲好了」。於是齋戒、剪髮、斷爪、素車、白馬、身披白茅，裝成一個牛羊的樣子，雜在別的祭品裡面，到「桑林之野」禱雨。叫人持三足鼎祝告說：「現在小子履，謹備黑牛祭天，願上帝聽之：天大旱，假使上天罰我，我自己的罪過實在不自知。善事不敢不賞，罪惡不敢不罰，上帝是知道的。假使四方萬國有罪，上帝也應當罰我，也是我的不好，不要罰及四方」。又拿六項事，自己反省謝過說：「政治不上軌道嗎？百姓不得樂業嗎？為什麼旱到這樣子呢？宮殿建築的太好嗎？女色太盛嗎？為什麼旱到這樣子呢？官吏貪汙嗎？小人得志嗎？為什麼旱到這樣子呢？」據說禱告完，大雨就下起來，度過這個難關。從前政治領袖不但對人事負責，對天變也要負責，責任是無限的。

商朝共傳三十一世，六百二十九年。一說四百九十六年，二十九王。中葉國都屢遷，最後盤庚遷殷（現在河南安陽縣殷墟遺址），在殷有二百七十多年。這一代的史料，近五六十年來龜甲文出土，漸漸多起來。商朝人「尚鬼」，重祭祀，喜占卜。占卜的方法，用龜甲或牛胛骨鑽一個洞，用火烤一下，看它的裂紋斷定吉凶。所問的事牽涉到各方面——戰爭、打獵、求雨、收穫、每旬的吉凶、每天的吉凶、疾病、生產等等。他們把占卜的結果刻在龜甲上，隨時拋棄或保存。在殷墟遺址有大批這種東西挖掘出來，還發現各種銅器和其餘的古物。商朝文化很高，農業很發達，畜牧僅佔次要的地位。有些青銅器，鑄造的精美，為後世所無。文字已經用得很久。他們對家族、祖先、子孫極重視，中國文化的特質，有許多在那時已很明顯。商朝政令所及，西到現在的陝西西部，南到江漢流域，東到海，東北到東三省。他們力征經營的地區多半在西北——現在的晉、陝北部。商朝晚年，周在西方興起，終於確定了中國文化的大型。

文武周公

中國文化初期的交織融合，在商部族以後，又來了一個主要分子，就是西方的周。周部族滲入，把中國文化規模擺出，大體確定。後來雖有不斷的吸收融合，但我們已有了一個重心，以後都是內容的充實和邊緣的擴充而已。我們不能忘掉這個重心的確定人，尤其不能忘掉那幾個聰明睿智的領導分子，就是後人盛稱繼承堯、舜、禹、湯之道的周文王、武王和周公。

第一章　周文王的故事

第一節　文王以前的周

周朝的祖先，據說是堯、舜時候教民稼穡的后稷。后稷名棄，是帝嚳的兒子，母親是帝嚳元妃姜原。后稷幼喜栽種，長好農耕，能因地制宜種植農作物，帝堯用他作農師。舜、禹平水土，叫他「教民稼穡」，「播時百穀」，封他在邰，號稱后稷，別姓姬。「后稷」顯然是因所業而稱的通名。在夏朝，他的子孫也從事農業，也稱后稷。周人推尊一位長於農業的祖先，似乎他們自有口傳的歷史以來，就是農業部族。他們雖和商族人一樣，尊天敬祖，深信天人相關，但卻注意在人盡人事，天必賞之，仍以實際事業為主。前人批評夏、商、周三代的特點說：「夏尚忠，商尚鬼，周尚文」。大概「尚忠」、「尚文」全是著重實際事務。周朝的文，只是「忠信為質」，加以禮樂文飾。夏、周都是偏西的、尚力行、少玄想的部族，所以他們的祖先，一個是做司空、平水土的禹，一個是號后稷、司稼穡的棄，都是刻苦篤實的人物。商族偏東，祖先是做司徒、司教育的契，一個重理想的人物。商人「尚鬼」，是一個重文化事業的部族。周人母系祖先姓姜，父系姓姬，是我們前面講的兩大族的混合。他們又說和商族同出帝嚳，恐怕只是對商有文化上的承襲，並非一源。

后稷子孫活動的區域，大概在現在山西西南部，靠近汾水、涑水和黃河的地區（前人說他們起於陝西西部），又慢慢的渡過黃河向洛、渭流域發展。到商朝武乙時，古公亶父（又稱太王）受北狄獯粥的壓迫，從汾水流域的邠，率領部族整個西遷到岐山下周原（大概在現在陝西涇水下游，渭水北岸，咸陽以北，高平以西，並不是鳳翔的岐山）。他們在那裡伐木、平土、造房舍，仍然從事農耕，開始和附近的昆夷（又叫犬戎）衝突。古公亶父傳位給第三個兒子季歷，季歷又稱公季，又稱王季，賢明能幹，周勢漸強，征服了四周的戎狄，和商族發生關係，算商的諸侯。後來商王武乙在河渭之間狩獵，耀兵示威，給雷震死，周人頗有嫌疑。周的勢力，確為商朝的一大威脅。王季朝商，商王文丁把他扣留起來，死在商國。季歷的兒子昌繼位，就是有名的周文王。

第二節　商紂亂商和文王興周

文王名昌，據說他生有祥瑞。他祖父太王曾說：「我後世當有興者，其在昌乎」。他「龍顏，虎肩，身長十尺，胸有四乳」。母親是摯國的女子，名太任，聰明賢慧。他幼稟母教，善孝父母。早晨雞一叫就起來，到王季寢室門口問安，晌午和晚上都一樣。父母有一點不安適，他坐立不安，吃飯不飽。父母復原，自己才能復原。王季死後，環境相當困難，西邊北邊有昆夷、玁狁，東邊商朝對他不放心，於是他一天到晚的工作，勵精圖治。遵后稷之業，法太王、王季之法，對待人民以仁厚為原則。敬老慈少，不以大欺小，不以眾欺寡，不以強暴掠奪農民。人民近者悅，遠者來。他又招徠賢士，四方賢者紛紛湊集。伯夷、叔齊在孤竹說：「西伯（西方的霸主）善養老，盍往歸之」。其餘如太顛、閎夭、散宜生、鬻熊、辛甲等，也都前往投效。文王的妻子太姒，也是一位大人物，是文王的好幫手。他幾個兒子像武王、周公、康叔，都是她教養出來的。後人說她能使雍穆的家風化行全國，實為女性的模範。

這時候商勢益衰，不能振作。商王文丁以後是帝乙，帝乙傳位給兒子受德，稱帝辛，又叫紂。紂和夏桀的行為如出一轍，也促使商朝覆亡。他是一位聰明強幹、能言善辯的人物，又能徒手鬥猛獸，倒曳九牛，扶梁換柱。可是他不把這些才幹用到正經地方。他聰明得使人沒法勸他，作了壞事，他會用冠冕堂皇的話掩飾。你說他不好，他可以舉出許許多多比你好的地方。他玩弄眾人，以為別人都不如他。他又好酒淫樂。繼承帝位以後，任命鬼侯、鄂侯、周侯（即文王）做三公（三個大諸侯）。他似乎也感覺到商朝威望陵遲，他在西方的黎國（在現在的山西東南部），耀兵大獵，鎮壓西方，東夷卻趁勢叛變起來，這是一場長期的苦戰，他還沒覺悟到自己的錯誤，以為人們敢作亂是刑罰輕，於是他重刑嚴罰，作「炮烙」。炮烙是銅柱（一說是銅烙）上塗油，下面燒炭，叫罪人在柱上爬，一下就燒焦了。商都在殷（現在的河南安陽縣附近）。他南到朝歌（現在的淇治境），北至邯鄲、沙丘，都處處建築離宮別館，造作園林。花七年的工夫蓋了一座鹿臺，高千尺，廣三里。剝削的錢財，都藏在裡面。米糧藏在鉅橋。又搜括狗馬奇物，充實宮室；野獸飛鳥，充實園林。宗廟鬼神的祭祀，都棄置不顧，更無論民政。他又伐有蘇氏，得了一個美女，名叫妲己，和紂臭味相投。叫樂官師涓作新樂——妖冶的舞蹈，淫蕩的歌曲。效法桀作酒池肉林，叫成羣的男女在那裡裸體追逐。他們無晝無夜的喝酒：「車行酒，騎行炙，百二十日為一夜」。竟忘掉了時日和甲子。國內不安，百姓怨恨，大臣愁嘆，四方諸侯各尋出路。

第三節　紂囚文王

文王的政治修明，正和紂成了一個強烈的對照，諸侯有許多都傾向他。西方的崇國是忠於紂的，感到情形嚴重，於是崇侯虎便向紂說：「西伯積善累德，諸侯傾服，恐怕於你不利」。大概紂最疑忌西方的三個大諸侯，恰巧當時發生一件事情：鬼侯有一個女兒，在紂宮作妃子，她很不高興紂的荒淫，因此觸怒了紂，把她殺掉。紂想：一不作，二不休，索性把鬼侯也捉來剁成肉醬。鄂侯氣憤力爭，也被他作成肉脯。紂想把他「三公」一網打盡，就叫崇侯虎再去伺察文王的反響。這一幕慘劇，文王自然是傷感痛憤。崇侯虎告訴了紂，紂想捉西伯，怕他武力抵抗，就發兵到渭水，蒐獵講武，這個舉動自然不是善意的。可是文王當時並沒有敵意，因此很容易的被他捉到。紂本想趁勢滅周，但是一則周的實力不可侮，二則文王對他表示效忠說：「父雖不慈，子不能不孝。君雖不道，臣不能不忠」。聲辨自己無罪。紂一時不便下手，便把他囚在羑里（在現在的河南湯陰縣），囚了七年。據說文王利用這段時間，來研討《周易》，演八卦為六十四卦，作卦辭。卦辭和爻辭是周初的東西，也許經過文王的手。據說文王的長子伯邑考也在殷做人質，得罪了紂，被紂殺死，並把他作成羹湯給文王吃。

周國失掉領導者，政事由幾位大臣維持著。太顛、閎夭、散宜生、南宮适等商量用什麼方法救文王。他們想：用武是不成的，和紂講是非更不成；紂貪財好色，那只有投其所好。於是閎夭和散宜生出發，尋到有莘氏的美女，驪戎的白毛、紅鬣、金眼睛的文馬，有熊國的九駟（可以駕九輛車子的三十六匹駿馬）；還有玄玉、大貝、黃豹、黃羆、青犴、白虎、文皮等種種的珍寶。他們拿著這一份厚禮，到了商都，先見紂的寵臣費仲，先送他一份禮，請他向紂說周人的忠誠和貢獻。紂一看到美女，就喜歡的了不得，說：「單這一件就足以表示西伯的忠心，可以把他釋放，何況還有別的東西！」費仲得了賄賂，自然又替文王添了些好話。當時商朝確也不能統御諸侯，也知道西伯的威望可以號召四方。現在既然釋放他，樂得順水推舟地進一步利用他幫忙。於是不但釋放西伯，還賜給他弓矢、斧鉞，許他不先稟王命就可以討伐不服命令的諸侯。紂又安慰他說：「你雖被囚了七年，但並非我有什麼惡意，那完全是崇侯虎說謊話誣枉你」。西伯倒不以自己的事為意，他覺得炮烙之刑太慘酷，情願獻洛西之地給紂，請他廢除炮烙。紂答應了。諸侯聽到文王出來，迎他回國。第二年西伯率諸侯入貢，表示忠誠。以後朝貢無缺，仍盡臣職。實際上西伯不能叫現狀維持下去而不想法干涉。紂毫沒悔悟，反用費仲治內，惡來對外。費仲對上長於鑽營巴結，對下又極好利貪財，殷人自然不會親附他。惡來專喜說人的壞話，諸侯當然離心離德。政治重心不知不覺的移向西方。

第四節　文王的武功

紂三十一年，西伯在渭北畢原治兵蒐獵。出獵以前，占卜獵品，卜辭說：「所得到的不是龍，不是螭，不是虎，不是羆，而是霸王的輔佐」。後來果然在磻磎茲泉，遇著了一個七十幾歲的老人在那裡垂釣。文王和他談一談，知道他不是一個平凡的人。這個老人姓姜，祖先封於呂，又姓呂，名尚。呂尚避紂之亂，來到西方。文王很高興說：「我祖父太公說過，以後有聖人到周國來，周國自此興盛。大概就說的你吧，太公盼望你很久啦！」就稱他為太公望，拜他為師。師有師傅的意思，同時又掌握兵權。呂尚是個實幹家，多權謀奇計，周朝滅商，得力於他的計劃不少。這時候國際交涉，大半都到文王這裡求判決。東方的虞、芮兩國（在現在的山西南部）為爭一塊田，久不能決，兩國商量說：「我們到西伯那裡，求他評判一下」。兩國的人一入周境，看到耕田的農人彼此互讓地界，無所謂侵攘爭奪。百姓事事都尊重長者老者，無所謂欺凌老弱。兩國的人看到這種情形，沒等到見西伯，就都不好意思起來說：「我們所爭的，是周人認為可羞的。我們是小人，不必去見君子，怎麼好意思到那裡去——簡直是自尋沒趣」。於是兩國人互讓那一塊田，誰也不要，結果竟空起來。據說後來這塊地方，就叫「閑原」。這件事情傳遍各國，大家都說：「西伯絕不是服人以力；確是服人以德。『不令而從，不教而聽』。他是受到上帝之命來代商為共主的」。有的記載說，這一年諸侯共尊西伯稱王，改法度，制正朔，以夏十一月為正月。尊古公為太王，公季為王季。後此開始東向經營。

第二年伐昆夷。明年，北方的密須氏驟然起兵，與周為敵，侵略阮、共等地，逼近周都。文王整軍經武，擊敗密人，太公望進兵圍密，密人縛其主降周。文王遷都到程，明年東伐滅掉黎國。商人大起恐慌，紂臣祖伊跑到紂那裡說：「天絕我殷命，人神都知道前途危險。並不是祖先不保佑我們，實在是王，你，淫亂暴虐，自絕於天。人民不能安居，社會秩序混亂，都痛心疾首說：『上天怎麼不降罰呢？新命的帝王怎麼不出來呢？』現在西伯滅了黎國，王怎麼辦？」紂說：「唉，我為萬民之君，是天的任命，他有什麼！」祖伊回來嘆道：「你的罪惡，上天難道不曉得，你還向天說是他的任命？殷朝滅亡都是你的功績，我們一塊死算了」。明年，文王又滅偏南的崇國（在現在河南沁陽縣境），這兩路都針對著商都。第二年伐南方的崇國，崇侯虎是文王的仇人。文王聽說他國內不穩，移兵伐之。崇國據險固守，猛烈抵抗。文王用鈎梯、衝車攻城，據說打了三十天，並沒攻下。文王回兵，休息訓練，再起兵伐崇，先宣言說：「崇侯虎蔑侮父兄，不敬長老，斷獄不公，分財不均。百姓力盡，不得衣食。我伐他，正是為著百姓。軍隊不得亂殺，不得燒房，不得填井，不得伐樹木，不得搶牲畜，不聽命令者處死刑」。這一來，沒費多大力量崇國就降了。

周人向東經營的時候，昆夷屢來侵擾。第二年，周朝大荒，文王自程南遷於豐，一方面節約，一方面運糧救災。第二年諸侯來朝，文王率兵伐昆夷，叫太子發在豐邑東面營建鎬京。

武事告一段落，文王設辟雍、靈臺，興教化，與民休息。興建靈臺的時候，人民樂於工作，不用催促。文王反倒勸他們不要著急，工作很快的就完成了。興工時，在水池裡掘出了一具死人骨骼，文王叫重新埋葬他，官吏說：「這已經是無主的尸骨了」。文王說：「有天下的是天下之主，有一國的是一國之主。我就是主，還要找誰？」叫人拿衣服包起來尋地埋葬。諸侯聽到這個故事說：「惠及枯骨，何況生人！」文王在位五十年，打定了周朝的基業。據說他活到九十七歲，似乎不甚可靠。他兒子發——武王繼位，葬文王於畢原（在現在的西安西南）。一片蒼茫的坦原上，我們還能看到他的陵墓。在旁邊陪伴他的是武王和周公。

第二章　周武王的故事

第一節　第一次伐紂

武王繼父位，仍用太公望為師，他弟弟周公旦為輔。還有同姓的召公、畢公等能幹的人材。紂雖能把東夷平定，卻無法對付西方的強周。武王想乘勢一下把紂打倒。文王死後不久，喪事還沒完，武王第一次東征，祭告文王，用車子拉著文王的木主，自稱太子發；表示奉文王之命，不敢自專。走到半路上，遇著伯夷、叔齊，這兩個人，是孤竹國君的兒子，因互讓君位，不約而同的逃出本國。聽說文王好賢，一同西來，正趕上武王東伐。伯夷、叔齊碰著武王的馬說：「這不對，父死還未正式埋葬，就出兵打仗，這能算是孝子嗎？你是商朝的臣子，想殺商朝的君主，這能算是仁人嗎？」武王的侍衛看到忽然跑出兩個野人來亂講，想把他們殺掉。太公說：「他們都是好人。一時也講不清，讓他們走好了」。武王聚兵黃河南岸，預備渡河，便向軍官們訓話：「大家要小心謹慎，我自己一無所知，一無能力，全靠祖父留下來的賢臣——就是諸位，來輔助。我承接先人的事情，賞罰不敢苟且，希望能完成先人未成的功業」。就發兵北渡。師尚父（就是太公望），左手拿黃鉞，右手把白旄，下令說：「蒼兕（管船的官吏），蒼兕，排好你們的隊伍、舟楫，一齊出發，落後者殺！」武王船到中流，水裡面忽然跳上一條白魚，武王親自把牠捉著，在北岸水邊燒魚祭天。大家都說：「這是吉兆」。周公說：「雖是吉兆，人可不能懈怠」。他們在北岸休息，有一天，武王的帳幕上閃下一道火光，形狀像烏鴉，發出「魄」的聲音。閃了五次，還落下許多穀米，這自然又是好兆頭，武王和羣臣都很高興，周公說：「大家要勉勵些！天降這種現象，是勸我們好好的作。我們要謹慎小心，等待天命」。有人把周公的話報告武王，武王振動變色。兵到盟津，事前沒有約會，聞風而至的有八百諸侯。大家不約而同的說：「紂可以伐啦！」武王看著兵勢雖盛，商朝還有箕子、比干一班賢人在朝，人心未散。伯夷、叔齊的話也代表一部分人的心理。知道時機未到，就說：「大家不知道，天命不可」。於是下令回兵。

第二節　商紂自趨滅亡

紂見周兵無可奈何他，更加放心胡為。微子是紂的哥哥，諫紂不聽，覺得國家前途危險，自己沒有力量匡救，和管禮樂祭祀的太師、少師商量說：「紂聽信婦人，沉迷酒色，敗壞祖宗成規。官吏腐敗，上下紊亂，政治無法再上軌道。國運將終，大家同歸於盡。假使我出走，可以保全一家。你們想，怎麼辦？」太師說：「天屢降災，紂一天到晚喝酒，一點不怕，又不信任老成人。一般人無所不為，甚至攘竊偷吃祭品。官吏只知要錢，貧民凍餓，無處訴苦。假使於國家有益，我願意犧牲自己；假使死仍無益於國，你要出走，我們也要離開」。箕子是紂的叔父，屢次進諫不聽，別人也勸箕子走。箕子說：「做人家的大臣，進諫不聽就走，不但不能減少君主的罪惡，反倒宣揚他的惡名，叫老百姓指摘，我不忍為」。憂愁憤急，不能發洩，就披髮瘋狂，過著奴隸的生活，紂把他囚起來。王子比干也是紂的叔父，看見箕子為奴，就說：「君王有過，我們要拚命力爭。否則我們倒可以過安穩日子，老百姓怎麼辦呢？」他果然和紂力爭，紂大怒說：「我是壞蛋，你是聖人？我聽說聖人心有七孔，不知道是真是假，倒可以拿你試一試！」於是挖出比干的心來。接二連三的慘劇，把微子眷戀祖國的心打斷，他的地位和箕子、比干一樣，就說：「父子是天生，君臣以義合。人子三諫不聽，號哭自怨；人臣三諫不聽，應當走了」。又和太師、少師商量一下，逃出本國。太師疵和少師彊攜帶祭器和樂器奔周，內史向摯也攜帶重要的典籍圖法逃到周國。

武王那邊，早已有人報告。向摯到了周國，武王大喜，向各國宣傳說：「商王已經鬧的不像樣子，一味喝酒，外用飛廉、惡來一班小人掌政權，裡面完全是妲己操縱。賞罰無方，無所謂法律。無故殺了三個大臣，人民都想叛變。他管典章圖籍的大臣，已經逃到周國」。接著有人報告武王說：「殷更亂了」。武王說：「怎麼樣？」報告的人說：「百姓不敢講怨恨的話啦」。武王馬上告訴太公，太公說：「百姓不敢怨恨，是他嚴法重刑的結果，他們只等待行動」。滅紂的機會真到了，離上次不過兩年。武王一方面遍告諸侯說：「殷有重罪，不能不伐，希望大家出兵會師」。一方面到鮮原治兵。士卒踴躍，挑選了兵車三百輛，虎賁（精選的勇士）三千人，甲士四萬五千人。諸侯的兵一時不能到齊，武王屯兵境上，免不掉有些疑慮。就用龜甲、蓍草占卜伐紂的吉凶，兆都是大凶。占卜未完，又來了一陣疾風暴雨，大臣都怕起來。太公把蓍草一扔，一腳踏碎龜甲說：「枯骨死草，知道什麼吉凶。現在沒什麼猶疑的，馬上出兵！」太公是指揮軍隊的，武王決意東征，祭天告祖，太公激勵軍心，率領已到的諸侯，發兵東出。約會未到的，叫他們分進合擊，在盟津會齊。大軍歡聲動天，前歌後舞。這是文王斷虞芮爭田、受命稱王的第十一年，武王繼位第四年的十一月。

第三節　武王滅商

這一次行軍，遇到許多困難。出發的日子是行軍的忌日，歲星在東方。古人相信征伐太歲所在的方向是不利的，又遇著大風雨，一連幾日不停。據說軍隊到汜，大水泛濫；到懷，大水壞路；到共頭山，山石崩裂。霍叔（武王的弟弟）害怕著說：「剛出兵幾天遇著五次怪事，事情不大對吧？」周公說：「紂挖比干的心，囚箕子為奴，飛廉、惡來當政，我們伐他，有什麼不對」。大概當時周公看得最清楚，太公最激烈。在路上怕延誤時機，諸侯等得不耐煩，就率精兵輕裝疾進。在十二月戊午那一天，趕到盟津。諸侯來齊，武王說：「大家不要鬆懈，上天要重新立民父母，使人民安居樂業」。又會眾誓師說：「現在殷王紂專聽婦人的話，自絕於天。毀棄祭祀，疏遠親戚，人天共憤。變祖先之樂為淫聲，取悅婦人。現在我執行天罰，大家要努力作戰，無須三令五申」。商朝似沒有多少防備，武王率兵直到商郊牧野，才遇到商兵，正是十二年二月甲子。天剛明，太陽還沒出來，周兵列隊預備出戰。武王先檢閱一下，向士兵宣誓，激勵軍心。武王左手扶黃鉞，右手拿白旄，指揮隊伍，向大家說：「大家從西方遠來，很辛苦」。大家見武王說話，都靜下來。武王接著說：「我們的將士，各國大君，司徒、司馬、司空、亞旅、師氏、千夫長、百夫長、庸、蜀、羌、微、髳、盧、彭、濮的戰士：舉起你們的戈，排好你們的干，豎直你們的矛，聽我宣誓」。兵士整整精神，嚴肅的立著。武王說：「古人說過：『早晨無需母雞報曉；用母雞報曉，這一家就快完了』。現在殷王紂卻專聽女人的話。忽略祭祀，是不敬祖先。忘記政事，是捨棄國家。疏遠伯叔兄弟，是絕滅人倫。又專收容各處的無賴流氓，給他們高官厚祿，寵信任使，叫他們暴虐百姓，擾亂商國。我姬發只是執行天罰。今天的事，大家不可混戰：前進六七步，要看一看隊伍；殺砍四五下，要照顧著左右。大家勉勵些！抖擻武士的精神，拿出虎豹的威風，在商郊施展一下。敗兵也不可亂殺，把他們俘虜過來。大家勉勵些！否則按軍法，定殺不赦」。

這時候在牧野，周和同盟，有兵車四千輛，紂兵也有七十萬。武王叫師尚父和百夫挑戰，叫大卒（周車三百輛，虎賁三千人）直衝上來。紂兵雖多，卻無鬥志。有的很願武王戰勝，譁變倒戈，反過頭來替周兵開路。武王揮兵急進，投降的投降，四散的四散，「血流漂杵」，紂兵大潰。紂逃回城裡，知道大勢已去，到鹿臺上把財物聚在一起，把最珍貴的天智玉和其他珠寶帶在身上，放火自焚。武王看到紂兵奔潰，拿起太白旗號令諸侯，諸侯朝拜武王，武王答謝。大家隨著武王到商都，商朝的百姓在郊外迎接。武王叫羣臣安慰百姓說：「上天降福你們」。商人叩頭再拜，武王答拜。進城後，武王向紂尸射了三箭；下車，用輕呂劍砍了幾下，用黃鉞斬紂頭，掛在太白旗上。又到紂兩個寵妃的住處，她們已經自縊，也照樣用玄鉞砍下頭來掛在小白旗上。把助紂為虐的惡臣百多人殺掉，這才出城回軍營。第二天平治道路，修理祭土神的社和商朝王宮。武王到社前祭告，行繼商為共主的典禮。尹佚讀祭文說：「殷王末代孫季紂，毀滅祖先的德業，輕慢神祇，不勤祭祀。昏庸暴虐，百姓困苦。這些事情，上帝都知道得很清楚」。讀到這裡，武王叩頭再拜。尹佚又讀道：「就更改天命，把殷朝亡掉，明白的轉給我們」。武王又叩頭再拜，禮畢出來。

武王召集大臣，商量處置殷遺民的問題，太公說：「我以為愛一個人，他樹上的鳥我都要愛；討厭一個人，對他有關係的，當然也不客氣。是敵人，殺了就算啦！」武王說：「不好」。召公說：「有罪的殺，無罪的活。強悍的敵人都殺掉，免得反覆」。武王說：「不好」。周公說：「讓他們各人住在自己的住處，各耕自己的田地。不管新也好，舊也好，我們選仁厚的用好啦」。商朝明主賢臣歷代都有，根深蒂固。最好的政策，自然應當一本寬大。於是一面叫太公和將士率兵征伐不服的諸侯，一面叫周公召集殷朝遺老，問殷朝所以亡的原因，又問他們以後想怎麼作。遺老表示希望恢復殷賢王盤庚的政事。武王叫召公釋放箕子，叫畢公釋無辜的罪人，旌表商朝禮樂官吏的巷子，叫南宮适散鹿臺的錢、鉅橋的米，救濟貧民，叫閎夭封比干的墓。微子的官也恢復了。太公和將帥們陸續回來報功。據說這一次戰爭，武王滅了九十九國，降了六百五十二國，斬首一億十萬七千七百七十九，俘虜三億萬二百三十，得到寶玉「億又百萬」。武王在商郊打獵，捉到「虎二十有二，麋五千二百三十五，犀十有二，氂七百二十有一，熊百五十有一，羆百一十有八，豕三百五十有二，……鹿三千五百有八」。武王分散給各國，又叫南宮适、尹佚把九鼎和三巫（關於祭祀占卜的）搬到周國。大局已定，武王分期獻俘虜，祭祖先，宴享諸侯。最後召集殷人訓話，武王說：「這一次戰爭是我代天行罰，現在我告訴你們的話都是命令。你們的王也告訴你們過，從前我們的祖先后稷奉到上帝的指授，能耕種五穀，佐禹成功，天下的人民都是拿后稷的稷來祭祀。你們商朝前代的賢王，祭祀上帝也是用這個，你們自己還吃它喝它。商朝的先王也為這個原因，看重我們西方。紂王不顧天命，暴虐百姓，上帝叫我父親文王討伐他。我不敢忘掉天命，繼承父志，修后稷的政事。上帝一定叫我伐紂，我終於執行天罰。我在西方的時候常說：『商朝的百姓無罪，就是紂一個人該殺』。現在紂已死了，我仍然上承天命降福你們，使你們安居樂業。諸侯們仍然有不服從的，上帝說一定要討伐，我也不姑息他們。現在可以告訴你們，我叫他們這些人一起隨了紂去。假使你們商王仍有天命都像你們良民百姓好好的工作，也不會有這次災難。你們痛苦無告，我們西土勤懇工作，勵精圖治，感動上天，天才命我伐這個罪人。你們現在要一心一意，安居工作，使天永遠降福西土，你們也可以安樂。要知道天命如此，不可違背天命，起來作亂。不要以為我說過商百姓無罪，你們就可以隨便。這樣我也只能用先王之道治理你們，那可不能怪我，是你們自己作惡。你們先王成湯能法上帝，施德行，保育商民。他還怕有的人不受感化，他就制定政典。紂就是因為放棄了成湯的政典，上帝才叫我們小國革商之命，所以我不能蹈他的覆轍。你們要不聽命令的話，不管他是諸侯、百官、庶民，我一定消滅他」。

武王仍封紂子武庚（名祿父）於商，為東方的伯主，治理殷民，並維繫東方的諸侯。又封三個弟弟——管叔鮮在鄘，蔡叔度在衛，霍叔處在邶，和武庚在一塊，監視武庚的行政，所謂「三監」，也是周在東方的最前線。東方諸侯，多半傾向商朝。箕子率領一部分殷民逃往東北，最後在朝鮮建國。武王班師西歸，在祖廟陳列勝利品，祭天和祖先，把紂和二妃的頭焚化了，斬決俘虜，殺牛宰羊，報答祖先神靈。又祭水土百神。一連熱鬧了好多天，祭告神天完畢，犒賞有功的諸侯，分享祭器、珠、玉、人民、土地等勝利品。又封新諸侯，多半是姬姓子弟和親戚，主要的有管、蔡、魯、齊、燕等國。當時周人還沒能控制整個的東方。這是第一次封建，魯國大概在現在河南中部魯山縣一帶。燕在魯國以南，現在郾城一帶。齊太公或許初封在呂，更在燕南。周公在武王弟兄們中間最賢能，他雖封於魯，自己本人卻常在周輔助武王。分封實際是一種武裝農民集團的開拓，選擇形勢好的地方築起城郭，城外開闢農田。民眾就是士兵，公卿就是將帥，聽周室共主的命令。周都遠在西方，控制東方大感不便，武王很明白這一點，他相度過商都的形勢。回周以後，武王病了，晚上睡不著覺，周公進見說：「你為什麼不能睡覺？」王說：「上天不享殷人的祭祀，不保佑殷國，屢降大災，土地荒蕪。從我降生以前到現在六十年，我們才成功。可是歸附殷國的諸侯還有幾百個，天意還沒定，我怎麼能睡」。他們又商量了許多問題，談到新都城，武王決定說：「新都城應當在洛水入黃河的西面，到伊水入洛的北面一塊平原上，那是夏人的故地。南面看到三塗山，北面望到太行和霍山的南麓。東和北面有大河，南有伊水、洛水，西去就是我們的舊都」。他們決定作洛邑，可是這一切都不是武王的事情；他死時距滅商不到二年，周朝又碰到一個險惡的局勢，統一凝固東方和西方的重任都落到周公的肩上。

第三章　周公的故事

文王的正妃太姒，生了十個兒子，長子伯邑考，次子武王發，三子管叔鮮，四子周公旦，五子蔡叔度，六子曹叔振鐸，七子成叔武，八子霍叔處，九子康叔封，十子冉季載。幾個大兒子中，發和旦最賢，是文王的左右手。文王捨伯邑考，立發為太子。旦的初封地是周（在現在的陝西岐山縣），稱周公。周公多才多藝，孝順仁厚。事奉文王，一意小心謹慎，事必稟命。「身若不勝衣，言若不出口」。惟恐失了作兒子的道理。他自己恭儉戒慎，修身不懈。據說他面貌並不好看，大概是個駝背。武王時常和他共謀國家大事。武王兩次伐紂，周公都在軍隊裡，定過許多計劃。滅紂以後，大封功臣，周公封魯，由他的兒子伯禽代理國事，武王留他本人輔助朝政。周初向東發展的形勢，大約分兩路：一路由現在的陝西武關東南向河南南陽一帶，偏南到漢水流域，偏北到淮、潁的上流，就是《詩經》上所說的二南地方。這一線，文王時已開始有了相當的成功。一路循渭水夾黃河直向河南中部，稍北折就是商都。武王在這一線上得到很大的成功，把殷滅掉。東方殷的餘勢強大，仇視周人。武王和周公，一面封建有才幹的親族，抵禦最前線；一面計劃周都東遷，以便控制。

第一節　武王之死和周公攝政

武王滅殷，剛剛兩年，一切沒得施展，忽然大病起來，夜不能寐。周公趕快去見他，他說：「天滅殷興周，但一時還不能平定……（餘語見前）」。又接著說：「假使我能執行天的明命，定天之所安，依天之所居，把和紂共惡的人去掉，使各國都歸附西方，我只是為有德行的人作事，我願意傳位給他（指周公）」。周公淚滴到衣服上，一句話也說不出，只請問後嗣怎樣。王說：「旦，你是我最能幹的弟弟。我叫你作事，你總是勤懇工作，連飯都無心吃。假使我傳位給你，你對於國家自然更盡心。現在天意如此，王季、文王在天之靈，注定我的死期，我還不能安心，只是想著我們國家。你是很明白的，我們祖先把基業傳到我身上，他們和農人耕田一樣，都希望得到收穫。我如不能成功，是叫祖先不得上配天帝。你應當承接這個使命，使它實現。假使你不顧大局，上不能追先人之德，下無以應人民之望，我也無法見祖先和上帝。這只是天降災禍，你也不能使我病好。現在我們兄弟傳位，我就傳位給你。我們占卜一下你的新都城，就叫他們興工建築」。這樣一來，周公曉得局面不是這樣簡單，心裡害怕，只拱手哭泣，他一時不能對病人說什麼話。武王又接著說：「新都應當在洛邑（詳見前）」。武王病重，大臣們都恐慌起來。太公和召公說：「我們要恭恭敬敬的替王占卜一下」。周公一肚子心事，更著急，說：「平常的儀式，怕不能感動先王」。於是周公以身作質，在一塊平場上築起三座土壇，安排太王、王季、文王的神位。在這三座壇南面，又築一座壇，周公面北立在這個壇上，旁邊放著玉璧，手裡拿著玉珪（璧、珪是參神應用的玉器），向三王祝告。史官開冊讀祝文說：「現在你們的長孫發犯了重病，倘使你們在天上斥責他不應背棄人民，你就叫旦替他死。旦仁厚，馴順，能幹，多才多藝，能服事鬼神。你們的長孫不如我多才藝，不能事鬼神。你們是在上帝面前得到命令保佑四方的。你們能保佑子孫，四方人民沒有不敬畏的。唉！我們只要不失天命，我們的先王也永遠有所依附，長在宗廟裡。現在我用龜卜聽你們的命令：你們如答應我的要求。我就拿玉璧、玉珪回去等候你們的命令；如果不答應，我就把璧、珪放在一旁」。讀完冊文，周公叫史官在三王的神位前各放一個龜甲來占卜，結果一致大吉。周公大喜，開鎖翻一翻看占卜的書，武王和自己都有吉無凶。周公到武王那裡祝賀他說：「這病不要緊，我剛從三王那裡得到命令，我們還可以作長久計劃，祖先還是記念我們的」。周公回去把史官的冊文放在一個金縢櫃裡（一個金帶捆束的櫃子），叫看守的人守祕密，不要對任何人講，第二天武王好了些。

周公向武王申說困難，自己絕不能承繼王位。武王諒解他的苦心，就叫周公立武王的兒子誦作太子。太子誦太小，一切大政仍由周公代理。武王再三囑咐周公，為著祖先的基業，不可不負責。武王終於死了，壽數似乎不太高。兒子也很幼小，繼王位，稱成王，周公攝政。周公顧慮的王位繼承問題，終於鬧出風波。商朝前期的習慣：王位兄終弟及，後期漸有傳嫡長子的傾向。周初頗有商的風氣，雖不一定兄終弟及，也不一定傳位長子。王季、武王都不是長子，有傳賢的意味。文王很看重武王、周公，武王對周公也特別依重。艱難創造的時候，人材難得。武王頗有意傳位周公，周公也知自己能勝任，困難的是武王以下還有一個哥哥管叔鮮。論傳賢，自己不能自以為賢。自己大權在握，答應繼位，總有自立的嫌疑，怕國人不服。論次序，國家多難，應立長君，應當是管叔鮮。所以周公對武王的話，總是流涕力辭。當時武王勝殷滅紂，東方諸侯不服；其餘的，除了久附周人的以外，雖覺得周人可畏，但一旦推翻多少年的共主，也未免覺得不大合適，結果大家視強弱為轉移。周朝兩三代英明君主的成就，在這種情勢下，很可能功虧一簣，完全塌臺。周公很明瞭這種情形。太子誦太年輕，不能擔負這副重擔。管叔的才具不夠，而且恐怕不能像武王那樣的信任周公。這時候避重就輕，本武王的原意，立成王，周公為太宰攝政，實權在自己手裡。召見羣臣，朝會諸侯，有大事就稱王，不避嫌疑。對成王本身，他還負著教育的責任。周公雖大公無私，煞費苦心，但大權獨攬，形跡可疑，免不掉旁人的閒話和懷疑。

第二節　周室內部的不安

懷疑周公的有兩部分：一部分是武王的大臣，周公代王行令，他們疑他專橫。不過賢明的大臣完全為公，同在朝廷，容易瞭解周公的苦衷和設施，周公也容易向他們解釋。另外一部分是周公的弟兄們，最主要的是管叔和蔡叔：在公的方面，管、蔡自然容易誤會周公擁立成王不過是周公自立的手段；在私的方面，既然國家不穩定，成王年幼，為什麼不兄終弟及，讓管叔繼位，卻由你自己稱王攝政？這一層誤會，簡直無法解釋。管、蔡又封建在外，無法明瞭本國的情形。他們有強大的武力，再加以殷人的誘惑，決裂必不可免，殷人看到武王一死，覺得是一個恢復的機會。管、蔡和周公不和，更是千載一時。在這種情形下，周室自然多事了。

召公奭是周的同族，是武王的老臣，地位僅次於周公，也疑惑周公有別的意思。周公曉得他的心理，向他解釋，勸他同心合力，共作賢臣。周公對他說：「蒼天無情，使殷朝滅亡。殷朝失掉天命，我們周國得到。我不敢說，我們永遠獲福。假使我們始終努力，也不敢說，我們最後仍免不掉不祥的來臨。現在是我執政，我當然不敢不顧上天的威嚴而有懈怠。老百姓始終坦白無辜，全看在上的人如何。我們作兒孫的，不能順天治民，遏絕祖先的功烈，是由於不知天道，喪失天命，不能發揚前人的明德。現在我並沒有什麼了不起的才德，我只是把祖、父的功業延長到幼主身上。天意難知，但我們一遵前人的成德，天也不會把文王得到的天命給取消的。從前成湯受到天命，就有伊尹輔佐，上配皇天。太甲時有保衡，太戊有伊陟、臣扈，上升帝廷。又有巫咸治理王家。祖乙時有巫賢，武丁時有甘般。有這些賢臣輔佐殷朝，殷先王才得上配天帝，歷久不衰。天只保佑受天命、有德行的人。商的百官、王族，沒有不奉公明法的。小吏和藩屬也勤勞為國。惟有這許多稱職的人幫助國君，他才能一人統治四方，卜筮、鬼神也給他好的預告，天常使賢才治理殷國，到末代才滅絕天命。我們能常想過去的史實，我們這個新的國家，就能永久獲得天命。從前先王積德累仁，天將降命文王，使他治理中國，也有賢臣虢叔、閎夭、散宜生、太顛、南宮适等。文王的美德善行，溥及國人，也未始不是他們襄助的功勞。他們也只是盡力協助，上體天意，終於使文王功烈光大，達於天帝，天就降命文王代替殷朝。武王時還有四個人，同武王大張天威，把敵人滅掉，他們也協助武王發揚功德。現在到我身上，想從這大河急流中渡過，需要和你同舟共濟。我並非繼承王位，你不要責備我有二心，你應當勉勵我努力幹。國家老成退位，再也聽不到鳳鳥的叫聲，怎麼樣能叫我們的德行上聞於天？你現在看到這些事實，應當知道我們國家受命無疆，雖很好，也很艱難。你應當明白、諒解我的心跡，不要貽誤後人。武王很懇切的告訴我們，叫我們做百姓的榜樣，輔助幼主，盡心行善，負重大的責任，接續文王的德政，我深感到前途艱巨的惶恐。我實在告訴你，我們應當共同警覺亡殷的覆轍，和我們國家受天命的不易。你疑惑我不誠嗎？我想我們兩個應當合力同心，人們都說：『因為這兩個人，天要降福於國』。可是這兩個人不敢當。假使你能找到賢才讓我休息，他一定可以承受天福。唉！我們兩人協力國事，我才能有今天這樣。我願意完成文王的功業，不敢懈怠，不敢不勉。我要叫東海日出的地方都歸我們管轄。我很笨拙，重重複複的說了許多話，你應當諒解我悲天憫人的苦心。你曉得一般人總是有始無終，我們要始終如一。我言盡於此，希望你好好的治事」。召公知他無意於王位，願作賢臣，當然高興同他合作。據說後來他和周公在內政方面分陝而治：「陝以東，周公主之；陝以西，召公主之」。同心合力，內安王室，外撫諸侯。

這時管叔、蔡叔的地位很重要，他們一不盡力，殷人就很容易叛變，何況他們不和周公合作。他們對於周公不能沒有怨言，怨言傳佈出來，周公無法向他們解釋，只能持之以鎮定，不能再事更改。他們由怨而恨，更堅信周公是由居攝而篡位，一方面把這種話傳到四方說：「周公將不利於幼主（不利於孺子）」，一方面預備武力解決。先嗾使武庚不聽周朝的命令，然後聯合東方的徐、奄諸國，和熊、盈、淮夷諸族，整軍經武。殷人當然高興和「三監」聯合，可以藉勢恢復。這時武王死後不到一年。管、蔡希望他們的流言在朝廷上發生效力，把周公大權取消，或把他趕跑，甚至殺掉，事情就好辦了。這一著，他們有相當的成功。

第三節　周公居東

周公處在嫌疑的地位，起初最忠心的召公都疑惑他，何況他人。這「不利於孺子」的謠言很容易使人相信，成王本人也相信。周公覺得情形不對，有一天，他召會羣臣在閎門訓話，他說：「從前一個國家裡面有大家、有宗室、有大臣發揮自己的德行，勸勞國家的事務，推薦才智之士、勇武之夫到朝廷，這樣，賢明的君主才可以使國家興盛。到後來有不管王國、王家怎麼樣的人出來造作謠言，向王前說些胡話，不過是讒間、賊害和妒忌別人，以不利於國家罷了。這種人免不掉明正典刑，被殺掉。可是國家也就因為這樣而亂起來，我們不能不注意這一點。希望忠於國家的老臣分憂，共想辦法」。這話雖說了，不大見效，流言越來越凶，周公覺得現在辯駁也無從再辯駁，只有等待將來事實的證明。周公知道這謠言來自管、蔡。管、蔡和東方不足慮，都有把握，但要緊的是國人擁護，國人不擁護，甚至起來反對，事情就糟了。自己一身不要緊，國家怎麼辦？管、蔡勝利還不要緊，殷商勝利，周就完了。管叔的力量又完全寄託在殷人身上。於是決定讓卻大權，到自己的魯國去，躲避這個風頭。就告訴太公和召公說：「現在的情形不對，我要躲避一下。我要不躲避，人們不會諒解我，我也無話答覆我們的先王」。於是周公出居東方，他似乎不是完全消極不問事。自己到東方，一方面可以視察東方的情勢，籌備對策。他知道還有最後的一幕。一方面鎮撫周南、召南等地，那是文王以來主要的根據地，他恐怕對於軍事也有相當的準備，他在那裡還可以專心治軍。將近二年的光景，真相暴露出來。

管、蔡本希望周國還有進一步的紛擾，那知周公出居東方以後，一切反倒平靜起來。管、蔡勢成騎虎，殷人不能再放下干戈講和平。東方最大的奄國國君蒲姑向武庚說：「武王死了，成王年輕，周公不得周人的信任，這是千載一時的好機會，還等什麼？可以動兵啦！」於是武庚、管、蔡一同舉兵，號召四方。西方和南方響應的很少，管、蔡的力量並不大。霍叔年幼，只能隨著兩個哥哥。武庚的力量卻很大，東方整個發動。奄、淮夷、徐戎，和熊、盈十七族，最大的東夷八國，一齊起兵和武庚聯合，聲勢浩大，幾乎恢復到武王以前的局面。周人覺得武庚叛變沒什麼奇怪，管、蔡和他聯盟甚為痛心。知道應付這嚴重局面，非有才幹威望的大臣不成，他們自然想到周公。關於他的謠言，現在細想起來，似乎都是出自管叔、蔡叔那方面的人。大家漸漸明白這不過是離間之計。管、蔡希望周公退位，他們好作亂，他們和殷人聯合確是不可饒恕的。可是成王一時不能消除隔閡，只好讓事情拖延下去。

過了些時，周公深感前途危險，又深覺到非自己出來不可，但卻苦於沒機會，他寫了一首詩送給成王，那首詩說：

鴟鴞，鴟鴞，既取我子，無毀我室。恩斯，勤斯，鬻子之閔斯。迨天之未陰雨，徹彼桑土，綢繆牖戶。今女下民，或敢侮予？予手拮据，予所捋荼，予所蓄租，予口卒瘏，曰予未有室家。予羽譙譙，予尾翛翛，予室翹翹，風雨所漂搖，予維音嘵嘵。

譯成現在的話就是：「鴞鳥，鴞鳥，你既捉去了我的小鳥，不要再毀掉我的窩巢」。這幾句說：殷人既然把管叔、蔡叔捲入漩渦，不要再想毀滅周國。「我愛護牠，我經營牠，希望你也可惜牠」。警告成王不要輕把基業喪失。「天還沒雨、沒陰，我先剝些桑根，來纏緊窗子和門。誰還敢欺侮我嗎？你們這些人」。這述說自己經營的苦心。結果「我的手拮据不伸，我多採了葦苕。我喙取豐富的蓄積，我的嘴累壞了，可是我卻沒有了窠巢」。周公鞠躬盡瘁，卻被驅逐出國。現在呢：「零落了我的羽毛，垂折了我的尾梢。我的房子岌岌欲倒，為大風雨飄搖，我只能不休的嘵嘵」。自己受盡了苦痛和摧折，現在國家危險，東方大亂，自己卻只能說說空話。

這篇詩有責備成王多疑的意思。成王看到不大高興，也沒有完全相信周公的忠實，他也不好意思回覆辯駁，又擱置起來。真相逐漸明白，下面羣臣大夫卻忍耐不住，都希望正式請周公回來，安慰他這一場冤枉。他們作了幾篇詩歌，有一篇說：

伐柯如何？非斧不克。取妻如何？匪媒不得。伐柯，伐柯，其則不遠。我覯之子，籩豆有踐。

大意說：「伐枝作斧柄，非斧不行。娶妻，非媒不成。砍樹枝，看手裡、眼前的樣子。想見周公，籩豆要整齊（要整齊的筵席和隆重的典禮）」。

有一篇說：

九罭之魚，鱒魴。我覯之子，衮衣繡裳。鴻飛遵渚，公歸無所，於女信處。鴻飛遵陸，公歸不復，於女信宿。是以有衮衣兮，無以我公歸兮，無使我心悲兮！

大意說：「鱒魴，逃不脫密網。想見周公，還要衮衣繡裳（大典禮穿的衣服）。鴻在沙洲上飛來飛去，周公欲歸無處，只能在東邊小地方住。鴻在土阜上飛去飛來，周公想回來不能回來，只能住在那裡不離開。這裡衣服上繡龍，可是沒有人拿它迎公。這，不要再叫我們悲慟」。

當時殷朝復興，周人沒有出兵。假使不起用周公，周人沒有統一東西的希望，他們已經沒了鬥志。在周公寫〈鴟鴞〉詩的那一年秋天，一場天災促使周公復起。秋天禾黍長得很好，眼看著要收穫，忽然霹雷閃電，又刮起大風，禾黍都倒在田裡，大樹也連根拔起，國內人民很驚慌。成王和羣臣都戴上皮禮帽，打開金縢櫃，想查一下書，看大風雷是什麼原因，忽然翻到武王病重時周公願意替死的祝文。二公和王就問那些史官和執事官，他們說：「不錯，是有的，可是周公有命令，不敢對別人講」。成王大為感動，捧書滴淚說：「用不著正式占卜了，從前周公盡力王室，我太年輕，一點也不知道。現在上天動威，表白周公的德行，我應當親自接他回來，這也是禮所應當」。成王馬上出發，到了郊外，天落下雨來，風向也反過來把禾黍吹起。二公叫國人把大樹壓倒的禾黍扶起，培一下土，把落下的禾穗拾起，這年仍是豐年。成王到東方迎接周公，周公就和成王決定對東方用武。

第四節　周公平管蔡滅殷

出兵利在迅速，遲則生變，沒有把握。周公立刻召集軍隊，諸侯聽到周公復起，也來朝會。對於伐殷的事，他們都沒有把握，異說紛紛。周公在大會上陳述經過和決定東伐的原因，鼓勵他們的勇氣。周公稱天命說：「我想在這盛大的集會上，向各國君主和大臣詳細講一下我們這次集會的意義。蒼天無情，降災我家，武王沒有等到國家安定就死了。我們的幼主繼承大業，他太年輕，沒能力治理民事，更談不到上知天命。我感覺到幼主像要渡過大水，我只求過得去。依靠祖宗的獲得天命，我不能忘掉他們的大事業。我不敢謝絕天降的大法。文王在大靈龜上告訴我承受大命（攝政），於是我們西方遇到大變故。西方人傳播謠言，浮動不安，貧弱的殷國竟想維持共主的傳統。上天告訴我國家多事，百姓不安，叫我回來再為國家盡力。現在他們作亂，我們有十個人才足以應付，我願意謹隨文、武之後，完成大業，我要領兵東伐，用龜占卜，連得吉兆。所以我告訴各友邦的君主、大臣、將士和執事官說：『天賜吉兆，叫我率領各國東伐殷人的烏合集團』。你們各國的君主、將士和執事官都說：『這事情太艱巨，裡面百姓不安定。這個問題也關係王室自身，管、蔡是幼主的叔父，不便征伐。王為什麼不違背占卜呢？』我替幼主揣想前途的危難。唉！國家發生叛亂，遭殃的還是無辜的百姓；我負責上天給我的重任去解救百姓，並非為我自身。我很願意各國君主、將士、大臣、執事官，鼓勵我說：『不要為憂愁所困，不可不完成前人的事業』。我想我們幼主不敢廢掉上帝的命令。從前天降福先王，使我們小國強大。先王惟有信用占卜，才能安受天命。現在上天護佑人民，我們自然應當聽信占卜。唉！上天顯示尊嚴，輔助我們的基業」。周公又稱王說：「你們中間很多是國家的舊人，願你們想一想從前先王的勤勞。上天關切我們的成功，我不敢不完成先王的志願。我並非造作言語來勸誘友邦的君主，上天確有懇切的話叫我為人民作事，我怎麼能不追隨前人，完成計劃？上天關切人民，他們有疾苦，我怎麼能不追隨前人，接受福佑？」周公又稱王說：「前些時我到東方去的時候，我常日夜的想：假使父親造房子，已經計劃好，他兒子倒不肯打地基，更提不到架梁蓋瓦，他父親當然不肯說：『後繼有人，他沒有捨棄我的事業』。父親耕田除草，兒子倒不肯播種，更談不到收穫，父親當然不肯說：『後繼有人，他沒有捨棄我的事業』。現在輪到我身上，敢不承接先王的天命。假如父兄有些朋友，他們的兒子被人侵伐欺侮，你們能說：『不要救他？』」周公又稱王說：「唉！大家勉勵些！各國的君主和執事官：明智的人纔能有益國事，我們有十個人纔能上知天命。天意確切，你們不要輕違他的定法。現在天決定降命周國，只有發難作亂的人，才攻伐王家。你們不知道天命之不變？我常想：天要殷國滅亡，我和農夫一樣，敢不耕完我的田地？天是這樣降福先人，我有什麼道理不聽占卜的吉兆？前人的疆土，我們不能放棄，況且卜兆都是吉的，所以我決定同大家東征。天命不會欺人的，占卜就是這樣」。

周公這一番「政治工作」，果然收到重大的效果，結果諸侯一致決定用兵。周公整編隊伍，輕車熟路，直衝殷都。武庚的基礎本不穩固，又加攙雜著管、蔡系統的周人，他們不見得都願和殷人合作，反以殷人為主，周人為客。他們知道周公的厲害，殷人也畏服周公的威望。這一次決戰，似乎並沒費多大力量，周公便獲得全勝。武庚被殺，殷臣有的逃到東方，有的被捉。管叔自知不會有什麼好結果，自縊而死。蔡叔被捉，囚到郭凌。霍叔年幼，沒有將他大懲罰。滅商以後，又移兵東征，從現在的河南北部轉向山東，那裡有最大的奄國（現在山東曲阜），東面南面有徐戎、淮夷、殷朝老臣飛廉等熊、盈十七族，東邊一直到海。周兵似乎分成兩路：召公以王命命太公經營東北一路，西自大河，東到海，北到海濱的無棣，南到穆陵，抄到各夷族的側面；周公偏向東南，正對著奄國。周公在這一方面，遇到強敵，和奄國苦戰，打不下來，殷朝遺臣都集中在那裡。奄國和他的聯盟，似乎還驅使猛獸——虎、豹、象、犀等作戰，說不定編有象隊。久戰不下，辛公甲向周公說：「強大的難攻，弱小的易服。不如先打下較弱的，再來包圍強大的」。周公似乎要採用他的計劃，預備迂迴東攻九夷。太公那一面比較容易，滅掉了強大的蒲姑（現在的山東博興縣），又轉向西南。成王時刻關心東方的戰爭，恰巧成王的弟弟唐叔得到一棵嘉禾：「二苗共一穗」，成王叫唐叔送給周公，知道戰爭不甚順利，再發兵東援，以召公為保，周公為師，親自東征。這支大軍仍由周公指揮，似乎是由南方繞進，先攻淮夷等族。原來的部隊（主力似乎是魯兵）大概由伯禽率領。數路合圍，終於把奄國滅掉，各夷族退向東南海邊。這場戰事延長了三年，滅掉五十國。飛廉逃到海邊，也捉住殺了。把奄君遷到蒲姑，把象隊趕到南方。徐戎、淮夷、熊、盈各族未被滅掉的都一時表示服從。他們後來始終和周人搗亂，為周朝歷代的大敵。幾年苦戰，周公二次平定東方。商遺民的強宗豪族分遷各處，最頑強的遷到要建築的洛邑，由王室直接管轄。成王和周公從奄班師西還。《詩經》上有一首〈東山〉詩描寫一個士兵在路上的情緒說：

我徂東山，慆慆不歸。我來自東，零雨其濛。我東曰歸，我心西悲。制彼裳衣，勿士行枚。蜎蜎者蠋，烝在桑野。敦彼獨宿，亦在車下。

我徂東山，慆慆不歸。我來自東，零雨其濛。果贏之實，亦施于宇。伊威在室，蠨蛸在戶。町畽鹿場，熠燿宵行。不可畏也，伊可懷也。

我徂東山，慆慆不歸。我來自東，零雨其濛。鸛鳴于垤，婦歎于室。洒埽穹窒，我征聿至。有敦瓜苦，烝在栗薪。自我不見，于今三年。

我徂東山，慆慆不歸。我來自東，零雨其濛。倉庚于飛，熠燿其羽。之子于歸，皇駁其馬。親結其縭，九十其儀。其新孔嘉，其舊如之何？

譯成現在的話是：

「我到東方去，慆慆久不歸。今我來自東，細雨又濛濛。身在東方說西歸，心已早向西方悲。她惦記著說：『整治他穿的衣服，放下他口銜的枚。蠕蠕的野蠶，佈滿在桑林間。遲遲的他，獨宿在車下邊』」。

「我到東方去，慆慆久不歸。今我來自東，細雨又濛濛。栝蔞累累爬上了草房，室內的潮蟲在地下來往，門口、窗前結滿了蟢蛛網。野鹿的腳跡縱橫在廣場。夜晚閃鑠著碧綠的螢光。那可怕嗎？不，那裡引起我無限的懷想」。

「我到東方去，慆慆久不歸。今我來自東，細雨又濛濛。老鸛喜雨在蟻丘上長鳴，室內透出她的嘆聲。她掃除了灰塵，填塞了鼠洞。我終於回到了故鄉，這長征的士兵。纍垂垂的苦瓜，掛滿了柴架。算一算啊，我已經三年沒有看見他」。

「我到東方去，慆慆久不歸。今我來自東，細雨又濛濛。記得那個春天，倉庚到處飛，炫耀著彩羽，是她新婚的好日子。看嗎，那黃花、紅花的馬匹。我親自結牢了她的繡巾，一件一件的儀式鬧得我頭暈。別人說：『久別勝新婚』。究竟怎麼樣？我要問你們」。

回到宗周（鎬京），周公向新降服的國家宣告說：「現在告訴你們四方各國，尤其是殷朝的諸侯、長官：我給你們的訓令，你們應當沒有不曉得的。我們曉得上天大命無常，我們嚴肅的回想一下。從前上帝降命夏國，後來夏王放縱自恣，不問人民疾苦，淫亂昏暴，不能有一天勉行上帝之道。你們都聽說過桀妄希帝命，不能慈惠眾民。上帝大下誅罰，擾亂夏國。內政紊亂，號令不行。上下貪財，剝削小民。人民也自趨貪戾，殘害國家。上天於是別求民主，大降美命於成湯，滅掉有夏。天之不降福於夏，也是因為你們各國的賢人不能長享祿位。夏朝用的官更不能造福人民，都是暴君汙吏，一切的事情亂七八糟。只有成湯能同你們各國替代夏朝作民眾的主人。慎刑罰，施教化，不得已用刑，也有勸勉的意思。商朝各王直到帝乙時候，沒有不明德慎罰以施教化的。刑戮罪人，開釋無辜，也是教民向善。到了你們現在的王，不能同你們共享天命」。「唉！」王（周公）又說：「我告訴你們各國，並不是天拋棄夏國，也不是天拋棄殷國，只是你們的君主領導你們各國妄希天命，好話說盡而作惡多端。從前夏國為政治民，不在享天命上打算，天就使它滅亡，另一個國家來替它。後來你們商朝的後王太放縱逸豫，政治惡劣，天也使它滅亡。明哲的人不用思想，會變成傲慢無知；傲慢無知的人能常反省，也能變成明哲的人。上天因此又給紂五年反省的機會。他雖為人主，卻始終沒有使人愛念的地方，天於是轉向你們各國，顯示威嚴，希望你們中間有值得照拂的。只是你們各國沒有一個像樣的，只有我們周王善治眾民，能行德政，能主神天的祭祀。天賜我們吉祥，叫我們代殷命，治理你們各國。我不敢多說，我只正式給你們命令。你們為什麼不老老實實的在你們各國施行？你們為什麼不輔助周王共享天命？現在你們還是住你們原來的地方，耕你們原來的田地。你們為什麼不服從周王光大天命？你們反倒屢次的不安靜。你們心不馴良，你們不細想一想天命，你們蔑視玩弄天命，你們自作不法，還想奉為正典。我也因為這個告誡你們，因為這個使用武力俘囚你們。一而再，再而三，不聽命令，我只得大罰殺戮。並不是我們周國不喜安靜，實在是你們自召罪責」。王又說：「唉！告訴你們各國的人士和殷國的人士：你們奔走臣服我們的三監，已經有五年歷史。在胥、伯和大小長官那裡，你們無不奉公守法，怎麼又自己亂起來？現在要你們安靜和好，家族親睦。要你們在本國自行勸勉，你們自己要勤謹工作。你們的上官自然不記恨你們舊時的惡行，你們自己也要好好的替自己本國謀幸福。你們中間遷到洛邑的，也要永遠勉力種田，上天自會可憐你們。我們周朝自然也有豐厚的酬賞，選拔到朝廷任職做主要的官吏」。王又說：「唉！各國人士：你們不聽我的命令，也絕不能享天命，大家也會說你們不去享受。你們放蕩邪僻不用王命，這樣是你們自求天罰。我也就致天之罰，驅逐你們遠離故土」。又說：「我不但瑣瑣碎碎的告誡你們，我正式告訴你們天命」。又說：「是你們從前不能謹慎的和平相處，得到懲罰，不要怨我」。於是周公開始他穩定全國的計劃。內憂外患一齊來，而周公不失常度，步驟從容，能謀能斷，度過這場風波。周人事後有一首詩稱讚他說：

狼跋其胡，載疐其尾。公孫碩膚，赤舃几几。狼疐其尾，載跋其胡。公孫碩膚，德音不瑕。

大意說：「狼，前行踏胡，後退撞尾。周公謙恭從容，朱履綏綏。狼，後退撞尾，前行踏胡。周公謙恭從容，完美如故」。

第五節　營洛邑和封諸侯

軍事完了，最急切是處治殷遺民的問題。這和周室怎樣統治廣大的地域並使它凝固，有聯帶的關係。周朝推行封建制度，最古部落並立，無所謂封，無所謂建，東邊自然形成一個部落，西邊自然形成一個部落。他們原不想並立共處，於是殺伐征奪，無時或已。在炎、黃時代，有了以武力取得地位的共主，他至少有一部分控制各部落的力量。堯、舜時代，武力奪取的共主變為部落公推的共主，共主對於各部落增強了控制力，但封建還沒有出現。夏朝以後，變動的共主變為固定的共主，力量增強。他去舊換新，還辦的到，因此有了真的封和建。漸漸由離心的部落，變為向心的封建。王室分封親族做諸侯，正是鞏固自己的地位，和分裂的部落削弱王室正相反。周室的封建正是循著前一義，用舊有的政治形態遂行新的任務，使整個國家凝固。周朝的封建是有計劃的一種政治制度。一個政治中心（國都所在地）不能維繫遼遠的地域，於是化整為零，由一個大中心發出許多小中心，佈滿全地面，組成一面網。這個網雖疎而不密，卻能把廣大的地域一網罩著。王室抓著這個大中心，提綱挈領，能維繫這許多小中心就夠了，餘下的小事情讓他們自己作。這許多小中心的主人，一方面應現實的需要，多半是王室的親族；一方面也沒忽略過去的歷史，仍然分封前代聖王的後人，尊重他們的風習，維繫他們的民心，這是周初的封建。

㈠營洛邑

周都太偏西方，統領東方的諸侯不容易。又不能整個搬家，於是王朝本身就先來一個分封，在東方營建洛邑。洛邑當然不能完全代替鎬京的地位。但誠如周公所說：「此天下之中，四方入貢，道里均」。這地方是全國的中心，容易統繫四方諸侯，接受他們的貢賦，便於他們的朝覲、會同。營建洛邑，我們前面講過，是武王和周公商量的結果。周公二次滅殷以後，預備遷殷國倔強的遺民到這裡。擴充原來的計劃，很早就開始相度這塊地方。營建城郭的時期，有的說是周公攝政五年，有的說是七年。規模弘大，開始和完成，需要相當時間。或許是五年開始，七年完成，在當時是一件重大的事情。在周公本身說，建立新都是預備還政成王。周朝自太王、王季以來，每代都創建新都城，洛邑是成王建築的，又叫成周，計劃規模都出自周公之手。那一年二月下旬，成王和羣臣在鎬京祭告武王，又步行到豐祭告文王，祝告作洛的事情。先叫太保召公東到洛水，選視地址。三月上旬，太保到洛相視和占卜吉地，開始測量，劃定地位。並召集新遷來的殷人，在洛水之曲打定地基。三月中旬地基築好，周公也來了，周公視察一週，把地圖和占卜的結果派人送給成王看。周公的任務似乎特別注重遷徙和撫安殷民，周公報告說：「王不能親自來看地方，我就繼太保來相視東土。到洛後，占卜殷民遷徙的地方，先卜河北黎水，再卜澗水東，瀍水西，利用水來飲食灌溉。又卜瀍水東，也利用洛水」。他所卜的河北黎水，似乎是遷徙大部分殷民的衛國。下邊兩個地方都在洛水北岸，相距不遠。周公決定在瀍澗之間築一個大城，正式作周之東都，後來叫王城。在瀍水東築一個較小的城，為東都的下都，殷遺民聚居在那裡。兩地合起來混稱洛邑或成周。周公決定後，正式殺牛祭天。殺牛、羊、豬祭土穀神。各國諸侯曉得王室有大工作，也來幫忙。三月下旬周公召集諸侯和殷遺民談話，分配工作。

周公稱王命向殷民訓話說：「殷國的士民們：蒼天無情，降禍於殷。我們周朝奉命，用天明威，罰紂，斷絕殷命。你們要曉得，並不是我們小國敢取殷命而代之，只是天不給昏亂者以天命，就來輔助我們。我們那裡敢自求大位。上帝之命不可見，只看下民的情況，就知道上天的大法。我聽說上帝向善避惡，夏國政治清明的時候，上帝降命，享他的祭祀，後來夏政衰亂，不能用天命，放縱多端，天也不再顧念他，斷絕大命，大降罪罰，命你們祖先成湯革夏命，叫他安民治國。從成湯到帝乙，無不勉於德行，恭謹祭祀。也是上天保佑殷國，殷王也未辜負天意。他們無不上配於天，澤流後世。到後王紂無德於天，更不念祖先教訓，放縱自恣，不顧天心民意。於是上帝不再保佑，降下這樣大禍。惟有上天不答應那些壞德敗行的國家，四方大小各國的滅亡都有應加責罰的大罪」。又說：「你們殷朝的眾士民：現在我們周王上奉帝命，他叫我們滅掉殷國，回覆上帝。我們對你們並無敵意，只是你們敵視我們，我所以說只是你們不守法度，我們並沒有意思征伐，是你們自己先鬧起來。我也上體天意，就攻殷糾正你們的錯誤」。又說：「告訴你們眾士民：我現在把你們遷到西方，並不是我一個人多事好動，這只是天命如此。你們服從天命，我以後也不敢再有更動，現在不能怨我，只是你們見過殷朝祖先遺留下的典冊，記載著殷革夏命，你們又可以說：『夏朝滅亡的時候，夏人進用於朝，都可以做官』。其實我自己只選有品德的人進用。你們在商都的時候，我怎麼敢求你們，我只是寬容可憐你們，不是我的錯誤，只是天意」。又說：「士民們：前些時我征奄回來，給你們四國一個訓令，我明致天罰，遷徙你們遠離故土，臣事宗周」。又說：「告訴你們殷朝的士民：現在我不忍殺你們，我重申前命，現在在洛水岸邊築一個大城，它處四方之中，對各國都很方便。要你們眾士民服務效勞，好好的工作。你們也可以耕你們的田地，過安靜的生活。你們能這樣好好的下去，天也會矜憐你們。你們不好好的過活，你們不但放棄了土地，我也致天之罰到你們身上。現在在這裡築你們的城郭，作你們的房舍。你們在這裡可以福壽康強，你們的子孫也從此興盛起來」。

周公訓話分配工作以後，殷民開始工作。召公率領諸侯從外面拿來許多米幣和禮物送給周公，說了一篇告誡成王並賀新都的話，請周公傳給成王。這城的規模相當偉大，瀍水西邊的王城方一千七百二十丈，東邊的城稍小些。郛郭方七十里，把兩個城圍在一塊。南靠洛水，北因郟山。在王城南郊設「丘兆」，祭祀上帝，以后稷配享，日、月、星、辰和先王陪位。又在城內立大社，祭土穀神。神壇是用五色土築成的：東邊青土，南邊紅土，西邊白土，北邊黑土，中央黃土。封諸侯的時候，諸侯就其所在的方位，鑿一塊土，放在他自己國內的社上。在城內又有五所大建築（五宮）：太廟是祭祖先的廟，宗宮是專為文王立的廟，考宮是專為武王立的廟，路寢是王的住處，明堂是發佈命令的辦公處、朝會諸侯的大禮堂。這幾處都很講究。築成以後，把商朝的祭器、受到天命的象徵物——九鼎遷到王城，正式為天下政治的中心。在那裡占卜周朝的命運，周朝可以傳三十世，七百年。

㈡封諸侯

殷遺民除了住在王城下都的一部分外，仍有他們獨立的封國。紂的直系子孫沒有了，紂的哥哥微子啟對周的態度較緩和，周封他在宋（現在的河南商丘縣），為殷民的君長，奉其先祀。宋是殷先王的古都，殷人的舊地。他們的政令風俗仍和周大同小異，維持著一部分特性。原來殷墟的南面建了一個衛國，治理沒遷走的殷民。衛國是周公弟弟康叔的封國，他下邊有「殷民七族」。這塊地方當時很重要，也不易管理。康叔是周公最賢能的弟弟，封他的時候，周公再三申命告誡他：「文王明德慎罰，畏天愛民，治理西方。上帝曉得了，就降下大命，命他滅戎、殷，治萬民。現在封你在東方殷朝故地，你應當念父親的遺法，到那裡詢問殷國的賢人長者，訪求殷朝前代賢王的成規，尊重殷人的風俗習慣，再加上虞、夏前王的遺訓，這樣可以修身治國，不致於有危險。到那裡應當勤謹民事，慎明刑罰。務在以德行罰，最好能完全感化，不得已時也須要用重刑，切不可苟且偷安」。又詳細告訴他刑罰的用法，以不孝、不弟、瀆亂人倫為最大的罪惡。康叔對刑罰特別專長，後來用他做周朝的司寇。周公又針對殷人酗酒的壞習氣，告訴他飲酒的害處，他厲行禁酒說：「文王在西土建國，酒只祭祀時用。殷國上下沉湎於酒，這是他們滅亡、我們興起的大原因。現在那裡飲酒的風氣還很盛，你到那裡，不但自己要戒慎恐懼，不得沾染一點；下邊的官吏百姓也要禁酒，不聽勸告的，必要時，不惜用嚴刑處置」。

原來的奄國也是商朝的主要根據地，周公把伯禽的魯國移在那裡。那裡有商、奄的餘民，有「殷民六族」。因為周公的關係，魯國在東方是最主要的國家。魯國除各封國都有一份寶物祭器外，還有許多典籍、書冊、儀器、法物，這和後來魯國成為一時的文化中心及產生孔子大有關係。除魯、衛外，王室親族的封國還有很多。荀子說周公「兼制天下，立七十一國，姬姓獨居五十三人焉。周之子孫苟不狂惑者，莫不為天下之顯諸侯」。重要的，在現在山西南部。虞、夏故地，有成王的弟弟叔虞的晉國。在現在河北省，有召公後人的燕國（從原來的封地北遷）。在河南東南部，有蔡叔度的兒子蔡仲的蔡國。在漢水流域，有隨國。重要的異姓（非姬姓）國家，姜姓有在現在山東東部的齊（太公之後），河南南部的申、許。媯姓有在現在河南東部的陳（虞舜之後），有姒姓夏禹之後的杞。當時的詳情，無法知道。大體說起來，西從現在的陝西西部，東至海，南邊到長江，漢水，北到遼河流域，星羅棋布，佈置著滿盤棋子，控制著廣大地域。在周公以前，文、武已經封過許多國家。迨周公以後，歷代都有增添。這許多國家不盡是周公所封，可是主要的大規模卻是周公的計劃。

周公替坐西向東的周朝，佈置了一面向東展開的網。這網疎而不密。每個國家的中心只是一個方圓數里的城郭，城郭以外開闢的地方不過幾十里見方，近處是農田，遠處多半是山林川澤。最外邊培一條厚厚的土隄，把整個區域圍繞起來，就是所謂「封疆」。封疆以外全是茫茫的草原，是游牧部族的馳騁地，當時指為戎狄區。這些城郭國家雖像大海中的小島，但彼此息息相通，足以鎮撫戎狄，不致擾亂。他們之能互通聲氣，全賴大家共戴周室為共主，聽他指揮（後來西周衰弱，諸侯的聯繫鬆弛，秩序大亂，戎狄都鬧起來）。時常和周室為難的，在西北兩方面是老仇人犬戎（他們是游牧部族，後來散佈到各地）。在東南兩方面大半是不服從周朝的城郭國家，最有名的有淮水流域的徐國，漢水流域的楚國，都是叛服不定，常常用兵。

城郭國家內部情形大致相同，城內的建築都有宗廟、社稷、宮室等等，和洛邑彷彿。大的封國或許不只一個城圈子，像洛邑的下都一樣，另外還有小城圈。人口很少，大概最多不過幾萬人，最少或竟不到一千人。主要的城圈叫「國」，居民稱「國人」；小城圈叫「都」，居民稱「都人」；城外的農民稱「鄙人」。諸侯以下，有貴族、卿大夫，多半是國君的宗親，他們分掌國家的政事，國君總其成。宗教性的祭祀山川和土穀神等，由政治首領兼辦。學術教育只貴族纔有，他們能讀古代的典冊和書寫文字。日常的生活，來往交際，都有一定的規矩和方式（禮）來維持社會的秩序。他們有車馬和兵器，經常的練習射箭和駕車。車子是用四匹馬或六匹馬拉的，有平時的車和戰車，戰爭主要由貴族執行。下邊的平民階級，有學習一兩種技術如寫字、計算、駕車等以補貴族之不足的「士」，他們有的是住在城內的，有的是從鄉間來的俊秀農民。士以下大多數是住在鄉鄙的農人，勤懇耕種，供給國家的支出，生活方式沒有規定的禮，卻有法令來維持秩序。衣服用具也和貴族有分別，他們沒有車馬和兵器。工匠和商人都由政府管理，受政府指揮，供給貴族的需要。出兵打仗，農民只能充沒有甲冑的步兵。土地所有權屬於封君、貴族，耕地分劃成井字形，就是所謂「井田」制。井田的標準，是一塊正方九百畝的田。正中一塊是公田，四周八塊是私田，分給八家。八家共耕公田，耕完了公田再耕私田。公田的收入歸公家，每一井是一個經濟單位，他們互相協助，自成一個小社會。農民一達成年，就獲得分配下來的一塊田；老年不能耕種，退還公家。對於農業技術的改進，由貴族特置農官和管理灌溉的官來教導農民。他們頒行曆法，指示耕作的節候，辨別土壤的好壞和適宜的農作物，揀選種子，指導種法，督促農民工作，撫恤他們的勤苦，上下也因此能融合為一。農民除耕田外，女子要養蠶織布。不可耕的山地和川澤，往往是貴族們的禁地，他們在那裡打獵習武。平民砍伐樹木和捕魚獵獸，都有限定的時期。農民的生活差不多限定在井田格子上。

這些諸侯，戰時共同一致，由周王率領對付敵人，平時對周王五年四次派使臣聘問，一次親自朝覲。周王祭祀上帝的時候，他們也來聚會聽命。大朝會行禮完畢，講習各諸侯分封爵位的意義和使命，使每一個國家都明瞭它在全體中的地位。排定長幼次序、上下規矩，制定各國對王室進貢財物的多少。這些財物還是用到公共的事上，主要的是祭祀和戰爭，由周王支配；數目和性質，按國家的班次、貧富和出產來分配。班次高、爵位貴的封國，往往重要而富庶，進貢也最多，這只是大致的辦法，距周都的遠近是實際限制。靠近王室的國家，差不多直接受王室管轄，貢物特別繁重。越遠的國家，朝聘的次數和進貢的數量都越少。最遠的國家有一代只來一次的。王室大興作，諸侯也來幫忙助力，營建洛邑就是一例。各國新君繼位，都要周王正式下命令，沒有命令不能正式算諸侯。大國卿的地位和小國的君主相等，往往也出於周王的任命。周王對不盡職的諸侯先警告，不聽就用兵討伐。天王也常遣使聘問各國，各國也互相聘問。諸侯有時親自會面，必要時訂立盟約。他們進行這些事務，都有繁密、富於藝術性的禮節。封建的制定和規定，弘大詳密，雖不見得完全出自周公的心裁，但具有深刻意義的大經大法，大概都經過周公的規劃。這個制度維持了幾百年，促進中國進一步的凝固。

第六節　定官制和制禮樂

(一)定官制

周公以封建為地方行政組織，儘量使它完密。在中央政府方面，也有許多設施而同時行於各國。平管、蔡後，命大正（大司寇，管刑法的官）正刑法，作〈刑書〉九篇。內容現在無法知道，似乎是大亂以後需要的法律，當時自然很重要。官制也有一番釐定，記載也散失，後來傳下來的《周官》（《周禮》）是後人寫的，夾雜著大量的理想。周公開始制定周代官制，這部書著作者的主名就推尊他。裡面自然有一部分周代的真制度，可是我們無法揀擇。周公似乎進一步把官吏的權限劃分清楚，在豐邑作〈周官立政〉（《尚書》裡的篇名），使「官別其宜」。他特別注重用賢使能的人治，條文制度都是人的工具。人不健全，什麼都辦不好。周公告誡成王先自明德慎行，再用賢才，再分職任事。主要的官職有總理政務的，有管理軍事的，有司法律刑罰的。《周禮》記載大小官吏三百六十，分六大部門：天官冢宰總理政務和王室的私事，地官司徒司民政教化，春官宗伯掌祭祀禮樂，夏官司馬專司兵戎，秋官司寇司刑獄，冬官司空司興作工役。各部組織和職掌都有詳細的規定。後代把它看成政治組織理想的標準，只是它不盡是當時的真相。

(二)制禮樂

周公除了是實際的政治家，在政治上有不可磨滅的事業外，他還與孔子並稱大聖。他的偉大人格不下於孔子，後來中國人的思想性格都受他的影響。他發揮一部分力量在制禮作樂上。禮、樂直接為後來的儒家所崇仰引用，又繼續他的工作，他們的成績都飲水思源地歸功周公。不過周公的制作，是切合當時的要求和實際生活的習慣而加以調整畫一，實施於當世。後來儒家的增作，只是他們理想的發揮，並未見諸實施。儒家一貫的態度是尊重先師先聖，不敢自以為有所創獲，自己的工作不過是探先聖之意而為之注釋。可是這樣一來，先後的事實和理想混在一塊不易分辨。歷史家為審慎起見，往往把一件可疑的事情放在後面。前段提到的《周官》就是一個例子，裡面隱藏著改頭換面的史實，可是我們只能把它當作儒家的理想。現在要講的制禮作樂，也有同樣的情形，有傳下來的書而不足信。

「禮」最廣義的說，是「文化的外型」。它涉及人類生活的各方面。天文、地理、人事無不包括。人事中，上自政治經濟的制度、法則、分劃、組織，教育上的方法、意義，社會上的禮、俗、制度，下至日常生活最細微的節目，都在禮的範圍以內。假使制定全部的禮而賦以生命，簡直就是造了一種文化。我們曉得這是整個民族的工作，而不是某一個人的工作。周公制禮，當然不能這樣解說，他可以說當殷、周之際，周王朝新起，要融合二代的風俗制度，加以釐定，使確可實行而又能達到他的理想。其中斟酌斷制，當然煞費苦心。孟子讚他說：「周公思兼三王，以施四事。其有不合者，仰而思之，夜以繼日；幸而得之，坐以待旦」。正是指他要融合三代，為著遠大的理想，日夜的勤懇工作。制度方面，我們已經談過封建和官制。現在再來看他在狹義的禮、樂方面的成績：狹義的禮是指當時的生活方式，方式中有許多富於藝術性的儀節。執行這些儀節，配合著各種舞蹈和音樂。這些禮法只行於上層階級，在那時只有上層階級富於精神生活，思想活潑（後來直到孔子、墨子出來才打破階級，普及平民）。禮、樂雖限於貴族階級，但絕非一種無聊的粉飾；它是一種廣義的教育，精神的陶冶。行禮作樂的時候，要你全人格真實表現，要你一種內心的虔誠。這可以說它有宗教性，尤其是禮中最重要的祭禮。專從功利上講，政治、法律是一種強制的力量，是從利害上克服人身。禮、樂是一種自然的感化，是從精神上勸服人心。當時平民受了經濟的限制，不能有豐富的精神生活，無從接受禮、樂，只有無情的法律容易執行。也就是說，法律只消極的干涉到物質生活。富於精神生活的人應當有一種陶冶，在精神上變化他整個人格。他不只是守規矩，而且能積極的創制。當時的貴族們受到禮、樂的陶冶，造成具備某種精神的人羣，造成一種傳統。這種傳統的精神普及於平民，浮顯於文化，影響到後世。

周公攝政第六年，制禮作樂。據說他要作禮、樂，遲疑了三年。他怕自己作出來別人不服；要大事興作，怕別人不瞭解它的意義；敷衍下去，又不能發揚祖先的功業，使德澤永入人心。營建洛邑的時候，諸侯都踴躍工作。周公心想：勞力工作，他們還高興助役；拿禮、樂誘導他們，當更不會有問題。於是第二年開始制禮、樂，預備行諸各國。洛邑營建後，他行了幾個重要的祭禮。在洛邑南郊行「郊祀」，祭祀上帝，以后稷配享，這是祭天的大禮，代表全民向天祈禱，人民不能直接向天祈禱。周王之能代表祈禱，因為他的祖先后稷可以配天，在天上代他說話。洛邑城中建了個「大社」，在那裡行祭土穀神的禮。在「明堂」祭文王，配享上帝，這叫「宗祀」，最重要而富於政治宗教合一的意味。「明堂」是一個亞字形的建築，當中有五間內室，四周都是廳堂。外面有四方形的垣牆，東西南北有四個大門。在這裡舉行三種典禮，除了「宗祀」外，還有「告朔」（頒佈曆法）、「朝覲」（朝見諸侯），實際上是發佈大政教的地方。洛邑告成之後，周公第一次集合諸侯，宗祀文王於明堂。據說這不僅舉行一個必要的典禮，還有實行新儀式叫諸侯演習的意味。奏新作的象舞，所唱的歌詞是《詩經・周頌》裡面的〈清廟〉、〈維清〉、〈我將〉等篇。後人敘述當時的情形說：周公營建洛邑，改定正朔（用周的曆法），立宗廟，規定祭祀的次序和祭品，制作禮、樂，頒佈度、量、衡的標準，天下太平。諸侯都穿著禮服，供奉祭品，恭敬虔誠的來陪祭。看到那裡宮室有一定的制度，衣服有一定的等級式樣，牛羊等祭品有一定的規定，宰殺剖割有一定的樣子，甚至掃除廢物，廚房的烹飪和佈置，都有一定的儀節。到了裡面，感覺到既莊嚴又美觀。諸侯都接到王朝頒佈的命令，然後參加祭典，謁見文王、武王的神主（古時用生人扮成神主，名「尸」）。據說那時有一千七百七十幾個諸侯，都恭敬屏息，絃歌奏樂，稱美先王。參加的每個人都具有一種深沉肅穆的心情和一種和暢的意緒，同時惆悵的追思文、武，情動於中，行動聲音自然和儀節樂歌相合。孔子說：「周公德行，上格天，下動人，遠播於各國，使人內心欽服。海外的人都來進貢，他確能把父兄的文德武功發揚光大」。這種普及上下的祭禮，大致經過周公的手。

除了宗祀外，在明堂朝會諸侯，也有制定的儀式：諸侯班次按尊卑遠近排列，堂正中屏風前面，周王南向立，王朝的卿士立在兩旁，三公在王前面北，侯爵在東臺階的東邊面西，伯爵在西臺階的西邊面東，子爵在堂下院門的東邊面北，男爵在西邊面北，蠻夷戎狄等國都在院外四周站立。位次是明尊卑，事情是發佈政令。周公制定這些禮、樂，在精神上統馭各國，力量和意義遠在政令之上。它可以潛移默化，使生活方式統一。國家凝固，周公曉得禮、樂的用途遠勝過諸侯所貢的財物，表面上似乎財物對王室最重要。周公告誡過成王說：「你要知道諸侯朝會的意義，表面聚會，精神渙散，是無用的。惟有禮儀能使諸侯精神團結。假使只貪進貢的財物，那是你自己意不在朝會。別人也知道這不是朝會，是你要錢，他們怎麼會看得起你，怎麼會擁護你」。禮樂告成，周室政教遠及四方，遠處的蠻夷也感覺到中國的氣象和從前不同。據說當時交趾南部的越裳氏（在現在的安南）也因此遠來朝貢，他們的言語要經過兩次翻譯。

第七節　周公的退休

周公營建洛邑，就是替成王營建新都，預備正式讓成王親政，自己退休。洛邑工作開始，周公回鎬京向成王報告，並述說自己告退的意思。成王問他奠定新都的儀式，並求教誨。周公說：「王到新都，應有隆重的祭禮，應當祭的都挨次祭到。我率百官一同去，王就指定功臣的助祭和配享，使諸侯們盡力，這要謹慎選擇。對諸侯的貢物不可過於重視，主要的儀節要周到。這都要你自己來作，我是來不及了。我祇能教你治民的大法，其餘要自己勉勵。總使大臣、諸侯順序聽命。你好好的作，我退休到鄉間，指導農民耕種，使他們富裕快樂，或許辦的到」。成王說：「公還要輔助我。公的威德，使我繼續文、武的功烈，上答天命，使四方百姓和樂。要指導我大祭祀的禮。只有公的德行上及天，下及地，旁及四方，使化行俗美，太平無事。還要以文、武的故事教導我，並教我謹慎祭祀」。周公又辭。成王最後說：「公的功德若此，我到成周即位以後，封公的兒子作諸侯，還要留一位繼公輔佐王室。四方一直沒安定，也沒有機會崇禮公功。以後還要公作四輔，領導羣臣完成文、武的事業，治理人民。我要這樣辦，公不要叫我為難，我一定好好的事奉公。公永遠為四方的典型，代享封爵」。周公和成王議定後，到洛邑朝會諸侯。周公祭祖先，宣告退休。這已是洛邑完成以後的事。周公向成王說：「王命我到這裡來祭告文、武，為民祈福。你也親自來看新都。你要表示重視典法，尊禮殷朝的賢人，作四方的新主，為周朝開一新局面。能使萬國稱慶，你就獲得成功。我自己同羣臣百官，承續前人的功業，也為周朝創一新氣象，使殷民受到感化。我已經正式祭過祖先和文、武，祝告退休。望你仁厚愛民，使殷人服從周朝，使萬年以後都受到你的福德」。這時是周公攝政第七年的十二月末，成王祭歲，祭告文、武，叫作冊（官名）逸（人名）讀冊文，祝告自己繼王位和封周公的後代。又朝會諸侯，在太廟舉行大祭，正式封伯禽為魯侯，作冊逸作誥文告誡他。

周公功成名立，還政以後，一點不驕傲，事事稟承成王。他還以國家元老的資格，和召公共襄國事。伯禽正式作諸侯，周公特別告誡他說：「我是文王的兒子，武王的弟弟，成王的叔父，不能算不尊貴，可是我洗一次頭髮要挽三次，吃一頓飯要吐三次，趕快起來招待賢士；你可不能以為自己是魯侯，向別人驕傲」。成王一年大一年，周公時時盡心輔導勸戒，述說為人君的道理。有一次說：「為人長上沒有安樂可言，只有先知道耕種的艱難，纔能安樂，因為你可以知道農民的痛苦。一般小人，父母勤勞稼穡，耕田播種，子孫享受成業，不知稼穡的艱難，一味淫樂放縱。要不然，就是鄙視父母，說他們不懂享受。這一班敗家子孫是不能長久的」。又說：「我聽說從前殷王中宗敬畏謹慎，法天治民，不敢懈怠，他享國七十五年。殷高宗久處民間，繼位以後，守父親的喪制，三年不問政事，人們都盼他發言施政。他不敢懈怠，殷國大治，上下和樂，他享國五十九年。祖甲也久處民間，繼位以後，深知人民疾苦，能施惠民眾，不欺鰥寡，他享國三十三年。從他以後，每一代的殷王生下來，就在富貴安樂的環境裡，他們不知稼穡的艱難和農民的勞苦，只講享樂。他們也不能長壽，有的十年八年，有的三年四年」。又說：「我們國家，從太王、王季以來，無不小心謹慎。到文王，他很高興和農夫們一起工作，特別憐愛體恤小民，一天到晚連吃飯的時間都沒有，一心一意的要使人民安樂，自己很少遊獵，只勤勞政事。文王中年受到天命，他享國五十年」。又說：「從今以後，後王不要只想遊觀田獵，只想安樂。他負萬民政事的責任，不要說今天可以休息一下。這樣不能教民，不能順天，他就要有災禍到頭。更不要像殷王紂，一味的喝酒」。又說：「古人互相訓告，互相扶持，互相教誨，沒有詭計多端專勸人作壞事的。這種壞人勸你變亂先王的政事法典，要不然就是說上下人民的壞話，說他們詛咒你，怨恨你」。又說：「從殷王中宗、高宗、祖甲到我們文王，都明睿通達，有人告訴他們說：『小民怨你，罵你』。他們不但不發怒，還馬上自省過失，修勵德行說：『這是我不對』。這種壞人陰謀詭計的向你說：

『小民怨你，罵你』。你信了他的話，從此不依法度，不能寬心下氣，亂罰無罪，濫殺無辜。這樣，大家的怨恨真要集中在你了」。周公又叮嚀說：「後王要記著我這些話」。從這些話裡可以看出周公理想的政治領袖。他認為人君是代天育民的師保，有重大的責任，沒有什麼特權。

周公攝政七年，退休後三年，住在豐邑，生起病來。他臨死時囑咐說：「我死後埋葬於成周，我始終是成王的大臣」。他死了以後，成王說：「周公生時想奉宗廟，死了要葬在畢」。便把他葬在文王、武王的墓旁。成王的意思，表示不能把他看作自己的大臣。他是繼承文、武的遺志開創基業，他應當跟隨文、武，後王也應當把他看作文、武一樣。周公的子孫長支在魯，成王特別允許魯國用比普通諸侯隆重的禮樂祭祀周公，一說是用「天子禮樂」。他的子孫還有一支，歷代做王室的大臣；還有幾支封到凡、蔣、邢、茅、胙、祭等國。

第八節　周公的學術著作

周公具備這樣的人格，成就了這樣的事業，絕不是不學無術的。據說他師虢叔，虢叔是文王的弟弟，也是文王下面第一個賢臣。周公自然還承接父親的學問，這都是最偉大的人物。至於學問內容，現在無法知道，恐怕都是關於個人的品德、智慧和實用的政術的。我們要研究他的學問和思想，有些古書還保留著他的著作。有些著作從前人以為都是他的親筆，這一層要仔細分辨。實際我們很難斷定古人有後來所說的私人著作；研究古人，只能概括的看，從他的支派和受他影響的作品來推測。

周公的影響，方面極廣，後人認為他的著作很多。因為他制禮作樂，後來流傳的《周官》和《儀禮》都說是他作的。《周易》的爻辭據說也是他作的。《周易》是卜筮的書，卦辭和爻辭是鑽龜甲和用蓍草占卜吉凶的結果。有許多都是殷、周之際，周王室所占以決大事的。周公和文王一樣身當其衝，有些可能是出於他的手筆。《周易》雖出於卜筮，其中卻可看出先民的人生哲學。周公成部的著作據說還有《爾雅》，這是一部古字書，和周公沒有多大關係。《書經》裡記載周公言行的很多，多半是當時人的手筆，最可看出周公的真貌。據說有兩篇還是他自己寫的，卻不大可靠。《詩經》裡有幾篇很可能是周公的原作，據漢以前的人說法，有〈豳風〉中的〈鴟鴞〉，〈大雅〉中的〈文王〉，〈周頌〉中的〈清廟〉、〈時邁〉、〈思文〉、〈武〉、〈酌〉等篇。其餘還有很多，都不甚可靠。這些都是配起音樂來可以歌唱的歌詞。〈武〉就是前面講的作象舞時奏樂的歌詞。〈武〉和〈酌〉合稱「大武之樂」。《逸周書》裡記載周公言行的也很多，據說他作的有〈周月〉、〈月令〉、〈謚法〉三篇。〈周月〉、〈月令〉是記載一年四季的時令，未必是他的作品。〈謚法〉是解釋謚法所用的字眼的，貴族死後，按行為加一個名稱，恐怕是殷、周以來慢慢演變成的一種制度；所用的字眼，並出自周公之手。這都和周公制禮作樂、創建制度有關，後人就加上周公的名字。

結語

我們用三篇文字敘述了中國古史上的幾個大人物，他們的事蹟雖茫昧不明，我們卻不能不講，一個人幼年時期雖記不清楚，但極重要。有些事可以影響他一生，成了他深沉潛在的精神。他長大後，追憶兒時，雖不免攙雜他後來的想像，可是背後操縱這想像的仍有他兒時留下來的成分。這就是說，我們從文化的大體上看古史，縱有後人的想像，仍然充滿著古人的基本精神。我們看到古人的艱辛創造，看到他們的成就，看到他們後嗣綿延到現在，這絕不是一件無價值或偶然存在的事情；從這裡生長出來的中國文化，也絕不是不值一顧的廢物。百年衰弱的歷史使我們痛心，可是一百年比起過去的五千年來很短促，比起我們無窮的前途來更短促。我們知道這一百年，僅僅是患了幾天病。

黃帝是文明的創始人，從他打定基礎以後，文化才慢慢的生長，到周朝才大體確定。堯、舜、禹、湯、文、武、周公，後人稱他們為「道統」的傳授者。他們一脈相傳，周公以後就是孔子。

現在有許多人不懂「道統」這兩個字，而加以訕笑。其實用現在的話說，就是「文化的傳統」。他們幾個人承接和傳遞這「文化的傳統」，他們是傳統文化的代表人，他們每個人都是當時整個民族活動的代表。每一代的祖先都有新的活動，都有新的貢獻，使這一個有中心、有系統的文化充實光大。他們並沒脫節，我們指出這幾個當時的領袖作我們崇仰的代表。周公以後，最能發揮中國文化的精神的，自然數到孔子了。

人生十論

錢穆　著

「飛翔的遠離現實，將不是一種福，沉溺的迷醉於現實，也同樣不是一種福，有福的人生只要足踏實地，安穩向前。」

本書為錢賓四先生之講演稿合集，由「人生十論」、「人生三步驟」以及「中國人生哲學」等三編匯集而成。所論人生，雖皆從中國傳統觀念闡發，但主要不在稱述古人，而在求古今之會通和合。讀者淺求之，可得當前個人立身處世之要；深求之，則可由此進窺古籍，乃知中國傳統思想之精深，以及與現代觀念之和合。做人為學，相信本書皆可以啟其端。

民族與文化

錢穆　著

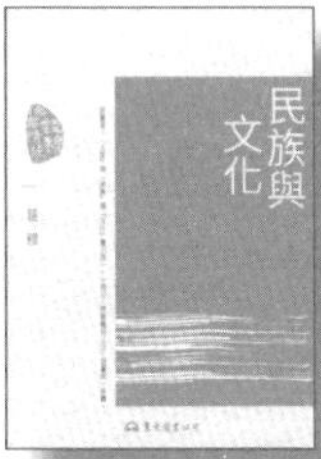

「民族」與「文化」兩名詞，乃近代國人所傳譯之西方語，但在中國上古實早已有之，民族乃中國所謂之「血統」，文化乃中國所謂之「道統」。由此民族創造此文化，但非此文化，亦無由完成民族。中國人主張文化之意義與價值實更高於民族。本書內分講義與講演詞之兩部分，書中涵義宏深，有仍值今我國人重讀研討之價值。

現代中國學術論衡

錢穆　著

中國重和合會通，西方重分別獨立，一切人生及學術，無不皆然。遠自《漢書．藝文志》，下及清代《四庫全書》，讀其目錄，中國學術舊傳統大體可知。近代國人一慕西化，大學分院分系，乃及社會學人論學，門類風格，煥然一新。即如宗教、科學、哲學諸名稱，皆譯自西方，為中國所本無。既無此名詞，亦無此觀念，又何能成此學術？今國人乃以新觀念評舊學術，遂見其無一而當。

本書即就近代國人所承認之學術新門類及其新觀念，還就舊傳統，指出其本屬相通及互有得失處。既具體條舉諸例，並諸條加以詳細發揮。使讀此書者，一則可以明瞭中西雙方學術思想史之本有相異處，再則可以由學術舊傳統，迎合時代新潮流，而創開一新學術之門戶，以待後人之繼續邁進。

兩漢經學今古文平議

錢穆　著

清代乾嘉學者，窮研古籍經書稱治漢學，以與宋明理學家之宋學有別。到了道光、咸豐、同治、光緒時期，乃至於民初，兩漢的今古文之爭又再次引發學者討論，康有為主張今文，認定劉歆是偽造古文經的罪魁禍首，章炳麟主張古文，認為劉歆對經學的貢獻足以媲美孔子。

本書首章收錄〈劉向歆父子年譜〉，一一指出上述兩派學者的錯誤，第二章為〈兩漢博士家法考〉，說明兩漢博士治經之所以有今古文之別的真相；第三章〈孔子與春秋〉闡明公羊家的理論，符合孔子春秋的精神；最末章〈周官著作時代考〉則在於證明《周官》乃是後人偽作。

錢穆先生此書替晚清以來的經學今古文爭論，畫下一個句點，往上回溯到乾嘉時期的漢宋之爭，也可以在這部論著裡面找到論斷的依據。實為研究中國經學史首要研讀的一部經典之作。

宋代理學三書隨劄

錢穆　著

本書乃彙合作者對宋代理學三書所作劄記而成。此三書，一為元代劉因所編《朱子四書集義精要》，一為周濂溪《易通書》，一為朱子與呂東萊所合編之《近思錄》。朱子生平精力，主要在為四書集注。惟體尚簡要，其詳言申論，則散見於其語類文集中。後人合編為《四書集義》，劉因又選擇其精要。本書劄記，則又從劉書選擇發揮。濂溪《易通書》，乃宋理學家第一部著作。《近思錄》，乃彙選周張二程四家語，為理學之最本源處。

本書三劄記，皆以發揮理學家之共同要義為主。惟理學非異於儒林以為學。書末附論文四篇，皆以申明此義。故讀此書不僅可知理學大要，亦可知中國文化之大要矣。

莊老通辨

錢穆 著

舊說老子在孔子前，近代學人梁啟超批評胡適《中國哲學史》，乃主《老子》書出孔子後。顧頡剛、馮友蘭兩人從其說，主老子在莊子前。錢穆先生則主《老子》書應尚在莊子後。自民國十二年起，下迄四十九年，前後凡三十八年，先生歷年遞有發明，共撰文十八篇，於是彙合以成此書。

錢穆先生從歷史發展的脈絡著眼，以訓詁之法詳加考據，釐清哲學思想的承襲演進，進而對諸子成書的先後提出新見解，遂使中國思想史之發展，有了另一種學術說法。

國家圖書館出版品預行編目資料

黃帝／錢穆著.－－初版二刷.－－臺北市：三民，2024

面；　公分.－－（錢穆作品精萃）

ISBN 978-957-14-7220-1（精裝）

1. 中國史 2. 上古史

621.15　　110009102

黃帝

作　　者｜錢　穆
發 行 人｜劉振強
出 版 者｜三民書局股份有限公司
地　　址｜臺北市復興北路 386 號 (復北門市)
　　　　　臺北市重慶南路一段 61 號 (重南門市)
電　　話｜(02)25006600
網　　址｜三民網路書店 https://www.sanmin.com.tw

出版日期｜初版一刷 2021 年 7 月
　　　　　初版二刷 2024 年 1 月
書籍編號｜S780621
I S B N｜978-957-14-7220-1

三民書局